W0051832

RIEMANN
VERLAG

Jürgen Borchert

SOZIALSTAATS-DÄMMERUNG

RIEMANN
VERLAG

*Dem Andenken meines Freundes Hermann Scheer
(*29. April 1944 – † 14. Oktober 2010) gewidmet,
der wenige Tage vor dem Start der Arbeit an dem
gemeinsamen Projekt BürgerFAIRsicherung
verstarb.*

MIX
Papier aus verantwor-
tungsvollen Quellen
FSC® C014496

Verlagsgruppe Random House FSC® N001967
Das für dieses Buch verwendete FSC®-zertifizierte Papier
Holmen Book Cream liefert Holmen Paper,
Hallstavik, Schweden.

1. Auflage
Originalausgabe
© 2013 Riemann Verlag, München
in der Verlagsgruppe Random House GmbH
Lektorat: Ralf Lay
Umschlaggestaltung: Stephan Heering, Berlin
Umschlagmotiv: © Werner Schnell/Getty Images
Satz: EDV-Fotosatz Huber/
Verlagsservice G. Pfeifer, Germering
Druck und Bindung: GGP Media GmbH, Pößneck
Printed in Germany
ISBN 978-3-570- 50160-3
www.riemann-verlag.de

Inhalt

Vorwort. 9

Einleitung. 14

Kapitel 1: Wie Juristen Flüsse bergauf
fließen lassen – Zur Semantik in der Sozial-
und Familienpolitik und ihre Folgen für
das Recht 32

*Soziale Zerstörung durch Sprache 33 – Der se-
mantische »Versicherungsbetrug« 34 – »Meine
Beiträge, meine Rente!« 37 – Der »Generationenvertrag« als Kuckucksnest 40 – »Wer Schweine
erzieht, ist ein produktives Mitglied der Gesellschaft« 45 – Irrtum als Grundrecht? 50 – Das
neue Grundrecht der Eltern auf »intragenerationelle Gleichbehandlung« 52 – Die semantische
Verkehrung der Schlüsselbegriffe in der Sozialstaatsdebatte 54 – Die semantischen Igel sind
des Sozialstaatshasen Tod 56*

Kapitel 2: Die Front liegt nicht am
Hindukusch – Wie Bildungsarmut produziert
und Zukunftsfähigkeit vernichtet wird 58

*Unglaublich, aber wahr: Die doppelte Kinder-
armut 59 – Kinderarmut gleich Bildungsarmut
62 – Deutschland am internationalen Pranger*

*64 – Große Koalition gegen kleine Kinder 66
– Über Worte und Taten 67 – Kapital- oder Kin-
derinteressen? 69 – Familienpolitik gegen die
Eltern? 73 – Übergewichtig, asthmatisch, verkalkt
und depressiv: Unsere Zukunft? 76 – Doppelte
Kinderarmut, Alterung und Sozialstaat 79*

Kapitel 3: Die *Spiegel*-Ente vom »200-Milliar-
den-Irrtum« oder Wie der Staat den Familien
die Sau vom Hof klaut und drei Koteletts
zurückbringt   87

*Wer beglückt wen bei den teuren Hinterbliebenen-
renten? 91 – Kindergeld: Kein Geschenk, sondern
Rückgabe von Diebesgut! 94 – »Beitragsfreie«
Mitversicherung? Der 21,7-Milliarden-Euro-
Irrtum 97 – Ehegattensplitting: Mickriger Effekt
101 – Beiträge für Kindererziehungszeiten: Auf
Hütchenspiel hereingefallen! 104 – Familienlas-
tenausgleich: Frankreich Champions League,
Deutschland Kreisklasse 107 – Sau vom Hof,
drei Koteletts zurück 110*

Kapitel 4: »Primitiv und brutal«: Ungerechter
geht nicht – Das kleine Einmaleins der
staatlichen Umverteilung.   114

*Struktur der Staatseinnahmen 116 – Gerecht und
ungerecht: Direkte und indirekte Steuern 119 –
Staatstragend sind die »kleinen Leute« 124 – Wie
Solidarität ausgerechnet durch Solidsysteme
verhindert wird 125 – Der ganz normale Wahn-
sinn: Abgabenquoten bei Normalverdienern über
50 Prozent 129 – Kein Rätsel mehr: Die Ursachen der doppelten Kinderarmut 134 – Ungerechtigkeit auf die Spitze getrieben: Staatsfinanzierung
durch Schulden 139 – Fehlende Besteuerung von
Riesenvermögen sozialstaatswidrig 141 – Superrei-*

che im toten Winkel auf der Überholspur 145 –
Reichtum ist wie Mist ... 148

Kapitel 5: Die Zechprellerkultur der Eliten
oder War die Französische Revolution eine
Neiddebatte?   151

Das 800-Milliarden-Euro-Karussell 152 –
10 Prozent der Einkommensteuerzahler ... 154
– Dreistes »scheues Reh«: Von der Plutokratie zur
Latrimonarchie 156 – War die Französische Revo-
lution eine Neiddebatte? 159

Kapitel 6: Vom Unsinn der Debatte über
die Kosten des Sozialstaats – und was sich
dahinter verbirgt   164

Warum bekam Klaus Förster eigentlich keinen
Orden? 166 – Staatsverachtung: Ehrenwort über
Gesetz 167 – Der Sozialstaat als Schwungrad
auf der Achse von Freiheit und Verantwortung
170 – Wissenschaftlich erwiesen: Ungleichheit
schadet der Wirtschaft 175 – »Win-win« im
Kaiserreich 177 – Was »kostet« der Sozial-
staat? 180

Kapitel 7: Gesetze wie Kuckuckseier:
Nicht nur der Sozialstaat wird verhökert   183

Die Agenda 2010: Ein Plagiat des Lambsdorff-
Papiers 185 – Angriff auf die Republik 187 –
Das Outsourcing der Gesetzgebung 191 – Noch
ganz sauber? Dienstliches und Außerdienstliches
im Zwielicht 194 – Wer und was steckt hinter der
»Riester-Reform«? 196 – Warum nur schwieg
die »vierte Gewalt«? 200

Kapitel 8: »Zehn Jahre Agenda 2010« –
Wieso feiert die SPD ein verfassungswidriges
Gesetz? 202

*Warum Hartz IV infam ist 202 – »Fördern und
Fordern« macht Opfer zu Tätern 204 – Statt
Krieg gegen die Arbeitslosigkeit der Krieg gegen
Arbeitslose 206 – Auf dem Weg zurück in die
Dienstbotengesellschaft? 208 – Altersarmut rettet
Rentenversicherung 211*

Kapitel 9: Eine bessere Welt ist möglich!
Ja, aber nicht mit dem bedingungslosen
Grundeinkommen! 213

*Das BGE als feudalistisches Projekt 214 – Der
blinde Fleck: Europäisches Sozialrecht 219 – Die
einen gleicher, die anderen dafür unfreier? 221 –
Wo bleibt die Verantwortung füreinander? 224*

Kapitel 10: Kurs Morgenröte: Der Fixstern
»Verantwortung« und das Modell der
BürgerFAIRsicherung 226

*Der alte Sozialstaat hat ausgedient 229 – Grund-
züge der Reform: Die BürgerFAIRsicherung 234 –
Wirkungen der BürgerFAIRsicherung 238 –
Soziale Großfamilie 241*

Vorwort

Den Niedergang des Sozialstaats verfolge ich auf unterschiedlichen Ebenen seit mehr als drei Jahrzehnten – als Wissenschaftler, Politikberater, Prozessbevollmächtigter in Musterverfahren und Sozialrichter – und habe meine Thesen zu Grundfragen der Sozialpolitik vor allem mit den Büchern *Innenweltzerstörung* (1989), *Renten vor dem Absturz* (1993) sowie dem *»Wiesbadener Entwurf«* für eine familienpolitische Strukturreform des Sozialstaats 2003[1] vorgelegt. Darin habe ich auch jeweils Vorschläge gemacht, wie den verhängnisvollen Verteilungsfehlern hierzulande am besten beizukommen ist. Nachdem die wichtigsten Überlegungen zwischenzeitlich am 7. Juli 1992 im »Trümmerfrauenurteil«, am 3. April 2001 im »Beitragskinderurteil« zur Pflegeversicherung, ferner im Beschluss vom 26. August 1999 zur Mehrwertsteuer sowie im »Hartz-IV«-

---

[1] Jürgen Borchert in Hessische Staatskanzlei (Hg.): *Die Familienpolitik muss neue Wege gehen! – »Wiesbadener Entwurf« zur Familienpolitik*, Wiesbaden 2003.

Urteil vom 9. Februar 2010 durch das Bundesverfassungsgericht bestätigt wurden, schien der Weg zu grundlegenden Reformen jeweils geebnet zu sein. Diese Hoffnung hat sich indes als böser Irrtum entpuppt. Das Bohren der harten Bretter mit Geduld und Augenmaß geht weiter.

Es waren zwei Ereignisse, die mir aber den Kragen platzen und dieses Buch binnen Wochen schreiben ließen. Das erste war die *Spiegel*-Titelstory »Der 200-Milliarden-Irrtum« vom 4. Februar 2013 und das wochenlange riesige Echo darauf in allen Medien. Keinem der dort zitierten Fachleute und keinem Medienvertreter ist offenbar mehr der Inhalt der vorgenannten Entscheidungen des Bundesverfassungsgerichts von 1992 und 2001 bekannt, dass Familien in Deutschland entgegen der politisch gepflegten Optik nicht nur nicht reichlich beschenkt, sondern ganz im Gegenteil durch das Steuer- und Sozialsystem regelrecht ausgebeutet werden. Bestätigt wurden diese Ergebnisse der Verfassungsjudikatur jüngst erneut durch die Studie der Bertelsmann-Stiftung *Familienlastenausgleich in der gesetzlichen Krankenversicherung? Die »beitragsfreie Mitversicherung« auf dem Prüfstand*; darin macht der Autor Frank Niehaus die für die Renten- und Pflegeversicherung bereits als verfassungswidrig erkannte Transferausbeutung der Familien nun auch für die gesetzliche Krankenversicherung dingfest – ebenfalls völlig konträr zu herrschenden Annahmen! Der Gesetzgeber behandelt die Urteile aber wie feuchten Kehricht, und die Presse schweigt dazu.

Das zweite Ereignis, welches das Fass zum Überlaufen brachte, war die Feier der Sozialdemokraten anlässlich des zehnten Jahrestags der Verkündung der Agenda 2010 am 14. März 2013. Dass die SPD, unter zustimmender Teilnahme der Regierungskoalition, eine Reform feiert, deren harter Hartz-IV-Kern eine verfassungsgerichtlich festgestellte Verletzung der Menschenwürde enthielt, ist ein beispielloser Vorgang.[2] Zusammen mit der Ignoranz gegenüber den oben erwähnten Verfassungsaufträgen beleuchtet er einen rüden und rücksichtslosen Umgang mit den verfassungsrechtlich geschützten Interessen der »kleinen Leute« hierzulande. Dass das nicht erst seit gestern passiert, sondern die Politik der letzten Jahrzehnte prägt, wird hier zu zeigen sein.

Darüber zu berichten und das himmelschreiende Unrecht aus dem Dickicht vieler tausender Paragrafen ans Tageslicht zu holen, das immer

---

[2] Siehe dazu das Interview mit dem Verfasser in *Süddeutsche Zeitung online* vom 14. März 2013: »Warum die Agenda 2010 als Erfolg begriffen wird, ist mir ein Rätsel«, www.sueddeutsche.de/wirtschaft/sozialrichter-juergen-borchert-warum-die-agenda-als-erfolg-begriffen-wird-ist-mir-ein-raetsel-1.1623776.

mehr Bürgern existenziell zusetzt, macht keinen Spaß, sondern tut weh – und auch die Lektüre ist sicher kein Vergnügen. Aber »not-wendig«, nicht zuletzt deshalb, weil sie auch zeigt, dass die Sozialstaatsmisere auf politischen Weichenstellungen beruht, die politisch genauso wieder berichtigt werden können und denen die Politik sich dann nicht länger verweigern kann, wenn sie auf informierte Bürger trifft, die sich nicht länger hinters Licht führen und übers Ohr hauen lassen.

Nicht behandelt werden konnte hier die Eurokrise. Insoweit teile ich aber einerseits die Ansicht Wolfgang Streecks von deren verhängnisvollem Zerstörungspotenzial für den Sozialstaat,[3] andererseits teile ich jedoch auch den Optimismus meines Freundes Wilhelm Hankel, dass die »Eurobombe« durch den Vorschlag eines »Euro plus« – eines zweikreisigen Währungssystems aus Euro und nationaler Währung – noch entschärft werden kann.[4]

Zu danken habe ich für Unterstützung durch Material, Anregungen und Diskussionen bis hin zu bleibenden Kontroversen vielen Freunden,

---

[3] Wolfgang Streeck: »Ein neuer Kapitalismus? Das Ende der Nachkriegsdemokratie«, in *Süddeutsche Zeitung*, 27. Juli 2012.
[4] Wilhelm Hankel: *Die Euro-Bombe wird entschärft*, Wien 2013.

Kollegen und auch Gegnern. Namentlich möchte ich nur Hartwig Barthold, Herwig Birg, Regina Claussen, Dieter Eißel, Mathias Greffrath, Barbara Hähnchen, Wilhelm Hankel, Michael Hartmann, Marie-Luise Hauch-Fleck, Hans-Günther Hockerts, Joachim Lang, Thorsten Kingreen, Anne Lenze, Rudolf Martens, Christel Riedel, Harald Schumann, Stefan Sell, Beya Stickel und Rolf Peter Sieferle nennen. Und natürlich den couragierten Markus Kurth, der (nicht nur) bei der Abstimmung zu »Hartz IV« im Deutschen Bundestag als einer der 16 Aufrechten gegen den Strom schwamm.

Heidelberg, 7. Juni 2013
Jürgen Borchert

Einleitung

»Die Stärke des Volkes misst sich am Wohl
der Schwachen.«

Aus der Präambel der Schweizerischen
Bundesverfassung von 1999

Die »Pamir« sank am 21. September 1957. Achtzig der 86 Besatzungsmitglieder, in der Mehrzahl
junge Kadetten, kamen ums Leben. Ursache des
Untergangs war nicht der Hurrikan »Carrie«, in
den das Segelschulschiff der deutschen Handels-
marine geraten war, sondern ein Verrutschen der
Ladung, was zur Schlagseite und schließlich zum
Kentern führte.

Auch Staatsschiffe gehen unter, wenn die
Lasten nicht richtig verteilt sind. Der Untergang
des Römischen Weltreiches ist exemplarisch. Es
scheiterte letztendlich, weil privater Reichtum
zu öffentlicher Armut führte: Je länger die Grenzen des Reiches, je heftiger die Stürme der Völ-
kerwanderungen wurden und je größer dementsprechend der Militäraufwand, desto mehr

entzogen sich die unermesslich reichen Plutokraten ihrer Steuerpflicht und betrieben Subsistenzwirtschaft auf ihren Landgütern.[5] Das skandalöse Steuerwesen seiner Zeit geißelte der Staats- und Kirchenethiker Salvianus (geboren um 400 n. Chr., gestorben 475), ein Zeitzeuge des Untergangs: *»Es ist gemein und tadelnswert, dass nicht alle aller Bürden tragen, wie es aller Pflicht ist, sondern dass im Gegenteil die Abgaben der Reichen die Armen bedrücken und die Schwächsten mit den Steuern der Reichen belastet sind.«*[6] Sein berühmter Zeitgenosse Augustinus (geboren 354, gestorben 430) sah es genauso: *»Wo die Gerechtigkeit fehlt – was sind die Staaten dann anderes als große Räuberbanden?!«*[7] Das war die spätrömische Dekadenz – und sie nahm bekanntlich ein böses Ende.[8] Das Weltreich versank in der Nacht.

Auch uns steht ein Jahrhundert voller Orkane bevor. In wenigen Jahrzehnten sind die fossilen Ressourcen erschöpft. Die Klimakatastrophe

[5] Dazu ausführlich Wilhelm Hankel: *Caesar. Weltwirtschaft im alten Rom*, Frankfurt am Main, 3. Aufl. 1992.

[6] Salvianus, *Über die Herrschaft Gottes*, zitiert nach Hankel, ebenda, S. 331.

[7] Augustinus: »Remota itaque iustitia quid sunt regna nisi magna latrimonia?«, *De doctrina christiana*, I, S. 3.

[8] In einem Gastbeitrag in der WELT vom 11. 2. 2010 warnte der FDP-Vorsitzende Guido Westerwelle anlässlich des »Hartz IV«-Urteils des BVerfG vor höheren Regelsätzen: »Wer dem Volk anstrengungslosen Wohlstand verspricht, lädt zu spätrömischer Dekadenz ein.«

führt gleichzeitig zur Versteppung und anderswo Überflutung riesiger Regionen. Ackerflächen schrumpfen, während die Weltbevölkerung noch wächst. Die Situation wird dadurch verschärft, dass die Landwirtschaft, der ohne Zweifel wichtigste Wirtschaftszweig unseres Jahrhunderts, selbst wesentlichen Anteil an den Veränderungen des Weltklimas hat, denn sie emittiert mit 133 Millionen Tonnen CO_2-Äquivalenten allein in Deutschland fast ebenso viel Treibhausgase wie der Straßenverkehr. Eine Umstellung auf Bio-Landwirtschaft würde zwar durch Mineraldüngerverzicht den Ausstoß um bis zu 20 Prozent senken, scheitert aber an dem um 60 Prozent (= 10 Millionen Hektar!) höheren Flächenbedarf.[9] Selbst in den noch fruchtbaren Regionen lässt sich die Produktion also nicht mehr steigern; infolge der jahrzehntelangen Übernutzung der Böden wird sie eher sinken. Vielen hundert Millionen Menschen in den Küstenregionen steht das Wasser buchstäblich bis zum Hals. Eine Milliarde Menschen hungert schon heute, und eine Milliarde Kraftfahrzeuge brauchen Sprit. Agrosprit oder Nahrungsmittel, leere Teller/volle Tanks? Dieser Konflikt ist längst voll entbrannt. Unausweichlich werden Hunderte

---

[9] Foodwatch: *Klimaretter Bio?*, Studie von 2008, www. foodwatch.org/de/informieren/klimaschutz/mehr-zum-thema/foodwatch-report.

Millionen Menschen weltweit migrieren müssen.

Deutschland als Industrieland wie als Exportweltmeister wird vom globalen Sturm voll getroffen, das ist sicher. Umso entscheidender wäre es deshalb, mit Blick auf die Großwetterlage den Kurs zu bedenken und rechtzeitig alles für die Stabilität des Staatsschiffs zu tun. Dafür gibt es jedoch keinerlei Anzeichen. Im Gegenteil. Obwohl die mittlerweile vier offiziellen Armuts- und Reichtumsberichte der Bundesregierungen seit dem Jahr 2001 schwarz auf weiß dokumentieren, dass die Ladung längst verrutscht ist und die Gewichte sich rasant verschoben haben, wird der falsche Kurs beibehalten und die irre Schlagseite nicht behoben: Das untere Drittel der Bevölkerung versinkt bereits in Armut und Schulden, das mittlere Drittel rutscht hinterher, wird abwärtsmobil, und die obersten 10 Prozent (»Dezil«) werden von der Entwicklung umso mehr nach oben gehievt, je tiefer die andern abrutschen. Die Bundesrepublik Deutschland ist in den letzten Jahren zum Paradies für Superreiche geworden, in dem rund hundert Milliardäre und etwa 400 000 (Multi-)Millionäre leben. Dem obersten Dezil der Bürger gehören heute fast zwei Drittel des Privatvermögens, und bei ihm landen circa 35 Prozent des Nettogesamteinkommens. Das oberste 1 Prozent an der Spitze nennt sogar mehr als ein Drittel aller Vermögen sein Eigen und dem winzigen obersten Promille gehören mit 22,5 Prozent fast ein Viertel und damit kaum weniger als 1969 noch dem kompletten obersten Prozent.[10]

Auf der anderen Seite besonders auffallend ist die doppelte Kinderarmut: Obwohl immer weniger Kinder geboren werden, rutschen immer mehr in die Armut hinunter – mit vernichtenden Konsequenzen für ihre Bildungsfähigkeit und damit unsere Zukunft. Wurden 1965 noch fast 1,35 Millionen Kinder geboren, waren es 2012 nur noch rund 650 000. Damals lebte nur jedes 75. Kind unter sieben Jahren zeitweise oder auf Dauer im Sozialhilfebezug, heute ist es jedes fünfte insgesamt.

Die verheerende Schlagseite ist das Ergebnis einer Verteilung der Lasten, wie sie ungerechter nur noch im Feudalismus oder der Sklaverei sein könnte. Was Salvianus und Augustinus vor 1600 Jahren sagten, ist aktueller denn je, und völlig zu Recht hat Papst Benedikt XVI. in seiner historischen Rede vor dem Deutschen Bundestag am

---

[10] Michael Hartmann: *Soziale Ungleichheit – kein Thema für die Elite?*, Frankfurt/New York 2013, S. 19 m.w.N.; Hans-Ulrich Wehler: *Die neue Umverteilung. Soziale Ungleichheit in Deutschland*, München, 2. Aufl. 2013, S.65 ff; Zuletzt Deutsche Bundesbank, Vermögen und Finanzen privater Haushalte in Deutschland: Ergebnisse der Bundesbankstudie, Monatsbericht Juni 2013, S.25 ff.

22. September 2011 Augustinus wiederaufleben lassen. Fehlende Gerechtigkeit in Deutschland? Das hat bei vielen Empörung ausgelöst. Schließlich gibt Deutschland doch jeden dritten Euro für seinen Sozialstaat aus, und wir waren die Erfinder des Sozialstaats, unsere Sozialversicherungen standen der Welt Modell! Wer sonst weltweit hat eine so ausgefeilte Sozialgesetzgebung, kann auf eine unabhängige Justiz bauen, dazu noch auf das Bundesverfassungsgericht vertrauen, den Hüter der Nachkriegsverfassung und der in ihr niedergelegten Einsichten aus dieser Menschheitskatastrophe?!

Das ist alles lange her. Auch der Sozialstaat aus der Zeit nach dem Zweiten Weltkrieg, der uns das Wirtschaftswunder und der Demokratie Stabilität bescherte, ist längst Vergangenheit. Man hat versäumt, ihn an die sich verändernden Verhältnisse anzupassen. Statt wie früher von oben nach unten verteilt er nun von unten nach oben um; die Probleme, Notlagen und Risiken, vor denen er eigentlich schützen soll, werden so von ihm zunehmend selbst hervorgerufen! Wir benutzen auch immer noch dieselben Begriffe wie vor 130 Jahren, obwohl sie zu reinen Fiktionen geworden sind und zur Wirklichkeit überhaupt nicht mehr passen. Das führt nicht zuletzt dazu, dass auch gutgemeinte Gesetze ihr Ziel verfehlen. Schlimmer noch, im semantischen

Wirrwarr wird »die große Konfusion zur Stunde der Manipulateure« (Originalton Norbert Blüm). In der Tat, wenn die Leute kapierten, wie der Gesetzgeber sie mit Hütchenspielen übers Ohr haut, müsste sich die ganz große Koalition aus CDU/CSU, FDP, SPD und Grünen vor dem Wähler in Acht nehmen.

Blüms Kabinettskollege als Wirtschaftsminister war der später rechtskräftig als Steuerhinterzieher verurteilte Otto Graf Lambsdorff, genannt der »Marktgraf«, ein Agent mächtiger Wirtschaftsinteressen, ausweislich seiner Verurteilung ein Staatsverächter wie alle Steuerhinterzieher. Mit seinem »Lambsdorff-Papier« vom 9. September 1982 gab er den Startschuss zur großen Denunziation des Sozialstaats als Standortrisiko und Wirtschaftsbremse. Als Plagiat tauchte es zwanzig Jahre später als »Agenda 2010« wieder auf, und der Marktgraf dürfte nicht schlecht gestaunt haben, dass ausgerechnet der sozialdemokratische Bundeskanzler Gerhard Schröder das Werk zu Ende führte, das in sechzehn Jahren Kohl-Regierung in einer unendlichen Kette von Skandalen und strafrechtlichen Verurteilungen stecken geblieben war.

Gerhard Schröder war es dann, dessen Regierung den mächtigen Wirtschaftsinteressen Tür und Tor öffnete, denen schon Graf Lambsdorff so effektiv gedient hatte. Mit seiner Regierung begann der Einzug der Lobbyisten direkt an die Schaltstellen der Gesetzgebung in den Fachministerien.[11] Seitdem stammen viele Gesetze oft nur noch formal vom Gesetzgeber, dem Deutschen Bundestag. Der steht zwar auf der Verpackung drauf, drin sind aber die Bertelsmann-Stiftung & Co. (in den Hartz-Gesetzen),[12] die Banken und die Finanzindustrie (in der Riester-Rente),[13] die Bundesvereinigung der deutschen Industrie und der Gesamtverband der deutschen Versicherungswirtschaft (in der Familienpolitik seit 2004). Die Liste ließe sich leicht um einige Kapitel verlängern. »Je weniger die Leute wissen, wie Würste und Gesetze gemacht werden, desto besser schlafen sie!«, wusste schon Bismarck; laut der Anti-Korruptions-Organisation Transparency International misstrauen tatsächlich aber rund zwei Drittel der Deutschen insoweit der Politik.

Fürwahr, Berichte über Pferdelasagne und Bio-Eier füllten wochenlang die Titelseiten und

---

[11] Dazu im Einzelnen die Antwort der Bundesregierung vom 26. Oktober 2009 auf die Anfrage der Fraktion Die Linke: »Mitarbeit von Privaten an Gesetzentwürfen und Arbeitsfähigkeit der Bundesministerien«, Bundestagsdrucksache 16/14133.

[12] Harald Schumann: »Macht ohne Mandat«, in *Der Tagesspiegel*, 24. September 2006; Helga Spindler: »War die Hartz-Reform auch ein Bertelsmann-Projekt?«, www.Nachdenkseiten.de, 23. September 2009.

[13] Diana Wehlau: *Lobbyismus und Rentenreform*, Wiesbaden 2009 (zugleich Dissertation Uni Bremen 2008).

Talkshows, dass uns aber mächtige Wirtschaftsinteressen ihre Gesetze wie Kuckuckseier unterjubeln, findet meist nicht einmal als Randnotiz Erwähnung. Mit der Hilfe von außen und nicht selten unter Umgehung der auf den Amtseid verpflichteten Fachbeamtenschaft überflutete die Gesetzgebungsmaschinerie Abgeordnete ebenso wie die Bürger und Medien. Niemand hatte mehr den Überblick, und viele wissen bis heute nicht, was ihnen wirklich blüht. Um die acht Millionen Menschen sind im Niedriglohnsektor beschäftigt. Sie können von ihrer oft harten Arbeit allein nicht leben, und alle sind Kandidaten für Renten weit unter Grundsicherungsniveau, was dann unweigerlich zur Folge haben wird, dass man es allmählich immer weiter absenkt. Oder die Rentenversicherung ganz abwrackt, weil man den Leuten nicht mehr erklären kann, warum sie immer höhere Beiträge zahlen sollen für Renten, die immer tiefer in den Keller gehen. Oder beides, was wohl am wahrscheinlichsten ist. Auf Linderung durch Mindestlöhne zu hoffen ist müßig: Um einen Rentenanspruch in Höhe von 700 Euro zu erwerben, muss man derzeit vierzig Jahre lang ohne Unterbrechung zu einem Stundenlohn in Höhe von derzeit 11 Euro arbeiten!

Jedenfalls rühmte sich Kanzler a. D. Schröder auf dem Weltwirtschaftsforum Davos am 25. Januar 2006, den Niedriglohnsektor durchgesetzt zu haben. Genauso hätte er sich freilich auch dafür rühmen können, dadurch die Rentenkassen gerettet zu haben. Denn die massenhaften Niedrigverdienste von heute bewirken in den kritischen Jahren ab 2030 durch die programmierte massenhafte Altersarmut eine spürbare Entlastung der Rentenkassen. Dass manche Profiteure den zehnten Geburtstag der Agenda 2010 und von Hartz IV am 14. März 2013 auch nach dem Stempel »Verfassungswidrig!« durch das Bundesverfassungsgericht feierten, ist vielleicht noch nachzuvollziehen. Aber dass die Führungsriege der Sozialdemokraten dies tat, die im Wahlkampf 2013 mit sozialer Gerechtigkeit punkten wollte, sicher nicht.

Salvianus und Augustinus hätten zu dem Hinweis auf die Gesetzgebungsflut der letzten Jahrzehnte sicher den römischen Historiker Tacitus zitiert, der von 58 bis 120 n. Chr. vor ihnen lebte: »*Die verfaultesten Staaten haben die meisten Gesetze!*« In der Tat. Die schätzungsweise 200 000 Paragrafen des Steuer- und Sozialrechts, mit denen hierzulande die öffentliche und soziale Lasten- und Leistungsverteilung geregelt wird, haben mit Gerechtigkeit oft nur noch formal zu tun. Materiell, das heißt mit Blick auf die Verteilungsergebnisse, verbergen sich darin mittlerweile Umverteilungssysteme, die primitiver und brutaler kaum sein können und das Grundgesetz auf breiter

Front verletzen. Denn das Gleichheits- und das Sozialstaatsprinzip gebieten eine Lastenverteilung, welche die Schwächeren schont und die Starken in Verantwortung nimmt. Die Bemessung nach Leistungsfähigkeit als dem »obersten Gerechtigkeitsprinzip« müsste nach der ständigen Rechtsprechung des Bundesverfassungsgerichts Leitlinie der Gesetzgebung im sozialen Rechtsstaat sein. Tatsächlich dürften aber kaum mickrige 10 Prozent der Staatseinnahmen (»Revenue«) insgesamt, das heißt einschließlich der Sozialbeiträge, aus den astronomisch hohen Einkommen der obersten 10 Prozent der Einkommenspyramide stammen, bei denen sich schätzungsweise 35 Prozent aller Einkommen und über 60 Prozent der Vermögen versammeln. Die Vermögen selbst werden seit der Abschaffung der Vermögensteuer nicht mehr zur Staatsfinanzierung herangezogen – nach Ansicht des Bundesverfassungsrichters Ernst Wolfgang Böckenförde ein *disproportionaler Schutz von Vermögenden ... Der Staat kann die Leistungsfähigkeit, die in der Innehabung großer Vermögen liegt, nicht mehr nutzen und wird gegenüber einer möglichen Eigendynamik, die sich aus der Akkumulation von Vermögenswerten ergeben kann, machtlos.*«[14] Den Löwenanteil der übrigen 90 Pro-

---

[14] Abweichende Stellungnahme zum Beschluss des Bundesverfassungsgerichts vom 22. Juni 1995 – 2 BvL 37/91 »Vermögensteuer« = BVerfGE 93, 121 ff. (am Ende).

zent der Revenue bürdet der Staat den Schwächeren und Ärmeren auf.

Wie das passiert, ist an Heimtücke kaum zu überbieten. Heute ist nämlich ausgerechnet der sogenannte »Sozialstaat« der Augustinische Räuber. Maskiert als Robin Hood beraubt er die Schwächeren und kommt dann im Nadelstreifen mit kleinen Kompensationen zurück, verteilt Sozialbonbons. Besonders gegenüber Familien beherrscht er die Klaviatur der Spendierhosenpose und der Omnipotenzgaukelei virtuos. Seit der Rentenreform 1957, als die Alterssicherung sozialisiert wurde, die Lasten der Kindererziehung aber bei den Eltern privat verblieben, prellt er die Eltern nämlich um die Früchte ihrer »Investition in das Humanvermögen« (den familiären Altersunterhalt) und bringt als Wohltäter über die »Anrechnung« von Babyjahren nur einen Bruchteil dessen zurück, was die Kinder an fremde Kinderlose der Generation ihrer Eltern leisten müssen; die Anrechnung der Babyjahre müssen sie dermaleinst auch noch ganz allein tragen. Ein Schleiertanz der Gesetzgebung, der Salome hätte vor Neid erblassen lassen. Mütter, die mit ihrer Kindererziehung den Löwenanteil dafür geleistet haben, dass ihre Jahrgangsteilnehmer im Ruhestand von ihren Kindern gut versorgt werden, müssen selbst von Almosen leben. Die durchschnittlichen eigenen Alterssicherungsleistungen von

Frauen lagen im Jahr 2011 bei 703 Euro und die der Männer bei 1642 Euro.[15] Das Bundesverfassungsgericht hat diesen Zustand 1992 im »Trümmerfrauenurteil« und 2001 im »Beitragskinderurteil« als verfassungswidrig gebrandmarkt und den Gesetzgeber aufgefordert, ihn schrittweise zu korrigieren. Dieser aber stellt sich taub.

Die strikte Koppelung wirtschaftlicher Freiheit an soziale Verantwortung, die das Markenzeichen der sozialen Marktwirtschaft war, existiert bei uns schon lange nicht mehr. Wenn deshalb Bürger massenhaft in die Armut rutschen und dies insbesondere Familien trifft, ist das nicht ihr Versagen und auch nicht die Folge der Globalisierung. Es ist vielmehr der degenerierte Sozialstaat selbst, der hinter der Wohltäterfassade die Armut, Not und Risikolagen zunehmend produziert. Das Beitragssystem der Sozialversicherung stellt die starken Schultern frei von sozialer Verantwortung und belastet die schwachen und die Familien im Übermaß. Sie sind nicht arm, sondern werden ausgeplündert. Bei Familien kumulieren und kulminieren die Verteilungsfehler des Systems, die alle

---

[15] Jürgen Ehler: »Gender Pension Gap: Bilanzierung der Erwerbsverläufe von Frauen und Männern«, in *Deutsche Rentenversicherung*, 1/2013, S. 68 ff. (71); hinsichtlich der Situation in der gesetzlichen Rentenversicherung siehe die Bundestagsdrucksachen (BT-Drucks) 17/11 666 vom 28. November 2012: 541 zu 1000 Euro.

Arbeitnehmer in der unteren Hälfte treffen – je schwächer, umso brutaler.

Der Grundsatz der wechselseitigen Verantwortung (Solidarität) und die Entscheidung, wer in der konkreten historischen Situation welche Verantwortung tragen muss (Subsidiarität), sind die »Baugesetze der Gesellschaft«. Wie die Statik gotischer Kathedralen durch Streben und Pfeiler die Lasten tragbar verteilt, müssen auch Gesellschaften dies tun.[16] Verantwortung ist das Bindeelement, das ihnen Stabilität verleiht. Das verlangt auch das Sozialstaatsprinzip des Grundgesetzes, das sich in dessen Artikel 20 Absatz 1 verbirgt: »Die Bundesrepublik Deutschland ist ein ... sozialer Bundesstaat.« Zwar fehlt für das Sozialstaatsprinzip eine nähere verfassungsrechtliche Ausgestaltung,[17] jedoch ist dieses Prinzip nach Interpretation des Bundesverfassungsgerichts »vorzüglich« deshalb zum Verfassungsgrundsatz er-

---

[16] Grundlegend von Oswald Nell-Breuning: *Baugesetze der Gesellschaft: Solidarität und Subsidiarität*, Freiburg 1980. Auch Adam Smith benutzte das Bild des gotischen Doms, um die Bedeutung der inneren Statik von Gesellschaften zu illustrieren: »Wenn dieser Hauptpfeiler der Gerechtigkeit entfernt wird, dann muss der gewaltige, der ungeheure Bau der menschlichen Gesellschaft ... augenblicklich zusammenstürzen und in Atome zerfallen«, *Theorie der ethischen Gefühle* (in deutscher Übersetzung von Meiner), Hamburg 1977, S. 127 ff.

[17] Im Gegensatz zu den anderen in Artikel 20 GG genannten Verfassungsprinzipien – Bundesstaatlichkeit, Demokratie, Gewaltenteilung und Rechtsstaatlichkeit.

hoben worden, um »*schädliche Auswirkungen schrankenloser Freiheit zu verhindern und die Gleichheit fortschreitend bis zu dem vernünftigerweise zu fordernden Maße zu verwirklichen*«.[18] Dementsprechend war die Sozialstaatsklausel für das Bundesverfassungsgericht seit jeher auch vor allem ein Gestaltungsauftrag an den Gesetzgeber, für einen Ausgleich der sozialen Gegensätze und damit für eine gerechte Sozialordnung zu sorgen.[19] Das Sozialstaatsprinzip gebiete nicht nur die annähernd gleichmäßige Verteilung der Lasten,[20] sondern enthalte zugleich das Gebot an den Gesetzgeber, öffentliche Mittel so zu verteilen, dass sie nicht dorthin geleistet werden, wo der Bedarf gering ist, wenn dadurch dort, wo der Bedarf größer ist, dieser ungedeckt bleibt; es solle grundsätzlich nach dem Grad der sozialen Schutzbedürftigkeit differenziert werden.[21]

Dass die deutsche Gesellschaft auseinanderrieselt wie loser Sand, hat seinen Grund darin, dass seit Jahrzehnten gegen diese Baugesetze und das Gleichheits- wie das Sozialstaatsprinzip verstoßen wurde. Der Sozialstaat muss deshalb von Grund auf rekonstruiert werden. Die alten Rezepte, die wachsenden Verteilungskonflikte aus

---

[18] BVerfGE 5, 206.
[19] BVerfGE 22, 204.
[20] BVerfGE 5, 85, 198.
[21] BVerfGE 23, 135,145-mwN.

dem Wirtschaftswachstum lösen zu wollen, den Kuchen noch größer zu backen, haben angesichts der Grenzen, die wir bei unseren fossilen Rohstoffen ebenso wie beim Klima erreicht und überschritten haben, ausgedient. Wachstum kann es künftig nur nach innen geben: durch einen Zuwachs an Gerechtigkeit.

Dieser kann schon denknotwendig nie auf der Leistungsseite des staatlichen Gebens und Nehmens ansetzen. Sondern er steht und fällt mit der Ausgewogenheit der »Revenue«, der staatlichen Einnahmeseite. Steuern und Sozialversicherungsbeiträge müssen der Leistungsfähigkeit folgen, jeder hat die öffentlichen Lasten je nach seinen Kräften mitzutragen. Hier gilt: Weniger ist mehr! Denn durch gerechte Abgaben lässt sich die Sozialquote (das heißt der Anteil der Sozialleistungen am Bruttoinlandsprodukt – BIP) drastisch verringern und gleichzeitig die Verteilung besser bewerkstelligen, wie die Glanzzeit des Sozialstaats nach dem Zweiten Weltkrieg beweist. Damals betrug die Sozialquote 19 Prozent, und es gelang dem Sozialstaat, mehr als 40 Prozent der Menschen aus bitterster Not zu helfen und Armut stetig zu verringern, während im Jahr 2003 eine Sozialquote mit einem Höchststand von über 32 Prozent die Zunahme von relativer Not und Elend nicht verhindern konnte. Entscheidend kommt es bei der Rekonstruktion des

Sozialstaats deshalb darauf an, wirtschaftliche Freiheit und wirtschaftlichen Erfolg wieder strikt an soziale Verantwortung zu binden. »Eine bessere Welt ist möglich« (attac), aber genau deshalb gewiss nicht mit dem bedingungslosen Grundeinkommen (BGE). Wer diese Forderung aufstellt, verhält sich wie die Freibeuter der Finanzmärkte und Staatsverächter heute. Sie wollen alle Freiheit dieser Welt und null Verantwortung. Für sie soll der Staat haften – und das sind wir alle. Was sie von oben wollen, will das BGE von unten. Es spielt deshalb den großen Staatsverächtern in die Karten.

»Not ist nötig«, meinte Friedrich Nietzsche. Wir brauchen aber keinen neuen Krieg, um zu den alten Einsichten zu kommen, die nach der Menschheitskatastrophe unseren Sozialstaat mit seinem legendären Erfolg begründeten. Wir brauchen nur ein semantisches Großreinemachen, damit die Leute ihre Sozialsysteme überhaupt kapieren können, und dann ein transparentes Steuer- und Sozialsystem, damit Verantwortung wieder wahrnehmbar wird. Das Teilen setzt das Ur-Teilen voraus. Und dann brauchen wir eine Politik, die den Weg geht und konsequent fortsetzt, den das Bundesverfassungsgericht in seiner Rechtsprechung zum Komplex »Familie, Steuer, Sozialversicherung« seit dem Jahr 1990 mehrfach gewiesen und verlangt hat. Wir brauchen Regierungen, die ihren Amtseid ernst nehmen, weil sie das Volk ernst nehmen, weil sie es nicht mehr an der Nase herumführen und mit Hütchenspielen übers Ohr hauen können. Dass der Gesetzgeber die klaren Karlsruher Urteile jedoch missachtet, zeigt, dass das Staatsschiff, mit dem wir den Orkanen des Jahrhunderts wohl oder übel trotzen müssen, nicht nur falsch beladen, sondern auch durch und durch morsch ist.

KAPITEL 1

Wie Juristen Flüsse bergauf fließen lassen – Zur Semantik in der Sozial- und Familienpolitik und ihre Folgen für das Recht[22]

> »Die Realität sieht in Wirklichkeit ganz anders aus!«
>
> *Graffito, Erfurt 1991*

Wie kommt das Wort ins Fleisch? Diese Frage stellt uns das Neue Testament mit der Geschichte von der »Verkündigung«. Sprache kann Unvorstellbares bewirken, steht da. Bei der Sozialstaatsdebatte – was falsch läuft, wie es richtig sein müsste – stellt sich die Frage, wie die Vorstellungen, die allgemein herrschen, mit der ganz anderen Wirklichkeit auf einen Nenner gebracht werden können. Auch dafür ist die Sprache, genauer die Bedeutungslehre (»Semantik«), entschei-

---

[22] Ausführlich zu diesem Thema Jürgen Borchert in Herwig Birg (Hg.): *Auswirkungen der Demographischen Alterung und der Bevölkerungsschrumpfung auf Wirtschaft, Staat, Gesellschaft*, Münster 2005, S. 37 ff.

dend. Aus falschen Begriffen resultieren unweigerlich fehlerhafte Vorstellungen. Das soziale Weltbild wird fehlerhaft geordnet, die Wahrnehmung ihrer elementaren Interessen für Betroffene immer schwerer und wertbasierte gesellschaftliche Verständigung unmöglich, wenn die zentralen Begriffe die Sachverhalte nicht (mehr) wirklichkeitsgetreu abbilden. Die Politik, deren Aufgabe es ist, aus Tatsachen Meinungen und daraus schließlich Gesetze zu machen, kann nicht einmal mehr die Tatsachen erkennen. Schließlich wird – noch einmal Norbert Blüm – *»die große Konfusion zur Stunde der Manipulateure«*, das Ende ist Tohuwabohu. Mittendrin, als Opfer und Täter dieser Entwicklung, finden wir dabei, an vielen Schaltstellen, die Juristen und das Bundesverfassungsgericht: *»Nie haben Dichter die Natur so verändert wie Juristen die Wirklichkeit!«* (Jean Giraudoux).

Soziale Zerstörung durch Sprache

Schon die Bibel weist mit der Geschichte vom Turmbau zu Babel auf die Bedeutung der Sprache für gesellschaftliches Gelingen und Kultur hin. Das ist lange her. Aber der 2003/04 schiefgegangene deutsch-schweizerische Brückenbau in Laufenburg am Oberrhein eignet sich genauso gut als Lehrstück. Hier passten die jeweils von deutscher und Schweizer Seite vorangetriebenen Brückenhälften am Ende nicht zusammen, weil beide Seiten in ihren Bauplänen zwar von »NN« gleich Normalnull als Bezugspunkt ausgingen, die Schweizer dies jedoch auf das Mittelmeer und die Deutschen auf die Nordsee bezogen. Dumm nur, dass diese Meere eine Höhendifferenz von 54 Zentimetern aufweisen. Obwohl man also identische Begriffe benutzt hatte, ging es trotzdem daneben, weil jede Seite darunter etwas anderes verstand. Genauso steht und fällt auch jede gesellschaftliche und staatliche Architektur mit der Sprache.

Der semantische »Versicherungsbetrug«

Die soziale Neuordnung nach dem Zweiten Weltkrieg begann mit einem Vortrag wie einem Paukenschlag. Einem Paukenschlag, der bis heute nachhallt und insbesondere bei der Riester-Rente für heftige Kontroversen sorgte, weil die damals entwickelte »Mackenroth-These« besagt, dass Kapitaldeckung, also Ansparen, niemals zur demografieresistenten Alterssicherung führen kann. Diese These war zwischenzeitlich heftig umstritten, seit der Finanzkrise 2008 und der akuten Eurokrise sind die Kritiker allerdings verstummt. Umso besser kann man jetzt die Riester-Bombe ticken hören. Schon bei der Beinahepleite der Hypo Real Estate drohte die Detonation, weil dort einige Riester-Fonds versammelt waren …

Am 19. April 1952 hielt der Kieler Professor Gerhard Mackenroth, Ökonom und Soziologe, vor dem »Verein für Socialpolitik«, der tonangebenden Plattform von Wissenschaftlern und Praktikern der Sozialpolitik, ein flammendes Plädoyer für ein durch und durch transparentes Sozialsystem unter der Überschrift »Die Reform der Sozialpolitik durch einen deutschen Sozialplan«.[23] An den Anfang seiner Ausführungen stellte Mackenroth folgende Feststellung: *»Die soziale Umwelt, in der wir heute Sozialpolitik treiben, hat sich gegenüber früher total verändert. Und zwar handelt es sich dabei um grundsätzliche Wandlungen in der ganzen westlichen Welt, zu denen die besonderen Ereignisse der deutschen Nachkriegszeit nur noch dazukommen. Die Wirrnis kommt nämlich nicht zuletzt daher, dass wir zum Teil noch immer die alte Sozialpolitik treiben in einer völlig veränderten Welt, dass wir die alten Konzeptionen beibehalten, die inzwischen zu reinen Fiktionen geworden sind, dass wir mit den alten Begriffen weiterarbeiten, die zur sozialen Wirklichkeit nicht mehr stimmen.«*

---

[23] Als Nachdruck in Erik Boettcher (Hg.): *Sozialpolitik und Sozialreform*, Tübingen 1957, S. 43 ff.

Nachfolgend richtet Mackenroth den Fokus auf die Sozialversicherung: Weil aller Sozialaufwand immer aus dem Volkseinkommen der laufenden Periode gedeckt werden müsse, gebe es volkswirtschaftlich gesehen keine Möglichkeit einer Versicherung gegen irgendwelche sozialen Risiken. Anders als in der biblischen Naturalwirtschaft sei es in der arbeitsteiligen Geldwirtschaft nicht mehr möglich, Einkommensteile wie täglich verfügbare Getreidevorräte in künftige Perioden zu übertragen. Jeder Konsumverzicht (»Sparen«) verwandele sich nämlich sofort in Investitionen – Fabriken, Maschinen, Häuser – und sei damit dem laufenden Verbrauch entzogen. Desinvestieren ließen sich die Ersparnisse nur im Gebrauch, es bleibe schließlich ein Haufen Schutt und Schrott, aber keine Güter des täglichen Verbrauchs; leben könne man immer nur vom Volkseinkommen, welches die aktive Generation laufend neu erwirtschaften müsse. Das Versicherungsprinzip sei geeignet, den Einzelnen zu sichern gegen die Abweichung seines Falles von der sozialen Norm, es könne aber nicht die Volkswirtschaft sichern gegen eine Änderung der sozialen Norm, gegen eine soziale Katastrophe. Wenn beispielsweise Lebensversicherungen infolge demografischer Entwicklungen weniger Neuverträge schlössen, als an Altverträgen zu bedienen seien, müssten alle Institute gleichzeitig ihre De-

36

ckungskapitalien verkaufen, deren Preis dann ins Bodenlose falle.

Der Nachwuchs und seine Produktivität sei deshalb Dreh- und Angelpunkt für jegliche soziale Sicherung, und der Lastenausgleich innerhalb jeder sozialen Klasse und Einkommensschicht zwischen denen, die Kinder zu unterhalten hätten, und Kinderlosen sei die sozialpolitische Großaufgabe des 20. Jahrhunderts. *Von dieser rein sachlichen volkswirtschaftlichen Grundtatsache aus muss der Umkreis dessen abgegrenzt werden, was wir als Sozialaufwand zusammenfassen und in unser Sozialbudget aufnehmen, innerhalb dieses Umkreises werden aber auch alle juristischen und historischen Unterscheidungen hinfällig, also die Unterscheidung von Sozialversicherung, Sozialversorgung und Sozialfürsorge, es ist alles Sozialaufwand.* Die schärfste Gegnerschaft werde dieser These aus den Reihen der Sozialversicherung erwachsen.

»Meine Beiträge, meine Rente!«

Er sollte recht behalten. Der völlig verfehlte Versicherungsbegriff blieb für das Rentensystem erhalten, obwohl dieses seit der Rentenreform 1957 unmittelbar auf der Einsicht der Mackenroth-These fußt. Dabei ist der Etikettenschwin-

37

del ja fast mit bloßem Auge zu erkennen: Weil bei einer allgemeinen Lebenserwartung von fast achtzig Jahren im Durchschnitt heute nämlich jeder das Rentenalter erreicht, handelt es sich bei der Sicherung des »Alters« um die – prinzipiell unversicherbare – soziale Norm; das war für die Bismarck'sche Rente bei einer Lebenserwartung von nur vierzig Jahren und einem Renteneintrittsalter von siebzig Jahren noch anders. »Alter« war damals nur ein Unterfall der – versicherbaren – Invalidität. Wenn dem entgegengehalten wird, dass aber doch das Risiko der unterschiedlich langen Ruhestände versicherbar sei, so wird übersehen, dass für dieses Risiko allein die Nachwuchsgeneration geradestehen muss. Wie man die Dinge also auch dreht und wendet: Der Versicherungsbegriff, welcher die den Alten über den Generationenvertrag geschuldeten und gezahlten Unterhaltsbeiträge terminologisch in Vorsorgeleistungen ummünzt, stellt die Dinge auf den Kopf. Will man für den sozialen Sachverhalt, der hier zu beschreiben ist, partout am Versicherungsbegriff festhalten, dann passt dieser allenfalls für das Risiko der Angehörigen der Kindergeneration, ohne die gesetzliche Rentenversicherung (GRV) ihre eigenen, möglicherweise langlebigen Eltern jeweils unterhaltsrechtlich länger als durchschnittlich unterhalten zu müssen. So wird das System aber gerade nicht begriffen. Die Verwendung der Versicherungsterminologie entpuppt sich also als ein besonders schwerwiegender semantischer Betrug, weil er Abermillionen von Bürgern in den Irrtum verfallen lässt, sie hätten mit ihren Rentenbeiträgen selbst für ihr Alter vorgesorgt. Anders als in dem 1957 durch die neue Rentenversicherung abgelöstern Unterhaltsverband der Familie können sie nicht mehr erkennen, dass sie mit ihren Beiträgen, die ja postwendend als Rente an die Ruheständler ausgezahlt werden, nur ihre Aufbringungsschulden gegenüber der Elterngeneration abzahlen und später ebenso selbst auf die Kindergeneration angewiesen sind. Heute weiß man nicht einmal mehr, dass keiner der Rentner, die am 23. Februar 1957 über Nacht lohnersetzende und lebensstandardsichernde Renten erhielten, je einen Pfennig an Beiträgen dafür gezahlt hatte. Daran hat sich bis heute nichts geändert. Nicht ein Cent von den Beiträgen heute wandert in die Altersversorgung von morgen. *»Die alten Konzeptionen sind inzwischen zu reinen Fiktionen geworden«*, stellte Mackenroth schon 1952 fest. Die Rentenversicherung ist dafür im Jahr 2013 immer noch das Paradebeispiel.

Der »Generationenvertrag«
als Kuckucksnest

Unmittelbar der Einsicht Mackenroths folgend, entwickelte der Ökonom und Mathematiker Wilfrid Schreiber das Konzept der »dynamischen Rente«, mit der die Alten am Produktionsfortschritt der Volkswirtschaft beteiligt werden sollten. Schreiber war damals nicht irgendwer, sondern Geschäftsführer des einflussreichen Bundes katholischer Unternehmer (BkU). Das waren die vom Krieg geläuterten und der Bundesregierung unter Kanzler Konrad Adenauer nahestehenden Kapitalisten von Rhein und Ruhr. Ausgangspunkt Schreibers war die Feststellung, dass die Familien infolge der Kriegsereignisse ihre überkommenen Sicherungsfunktionen für Kindererziehung und Altenversorgung nicht mehr erfüllen konnten. Er schlug deshalb vor, diese Gesellschaft bürgerlicher Kleinfamilien in eine soziale Großfamilie zu transformieren, in der die binnenfamiliären Unterhaltsbeziehungen *durch jeweils zwei Generationenverträge* zwischen aktiver Generation und Alten sowie zwischen aktiver Generation und Kindern nachgebildet werden sollten. Deshalb sah der »Schreiber-Plan«[24]

---

[24] Link zur PDF-Fassung unter »Wilfrid Schreiber« bei Wikipedia.de, dort Fußnote 1.

nicht nur eine Sozialisierung der Altenlasten, sondern in Gestalt der spiegelbildlich ausgestalteten »Kindheits- und Jugendrente« auch eine Sozialisierung der Kinderkosten vor. Die Beiträge für die Jugendrente sollten dabei nach Kinderzahl gestaffelt werden. Das sollte sicherstellen, dass Altersversorgung nur erhielt, wer sich auch an dem vollen Gewicht der Kinderlasten beteiligt hatte. Dieser zweite Teil des »Schreiber-Planes« fiel jedoch unter den Tisch, weil kurz zuvor ein System der Kinderbeihilfen eingerichtet worden war (das freilich nur Anfänge des heutigen Kindergelds enthielt). *Zweitens* kam die enorme finanzielle Dimension des Projekts und *drittens* die wegen der nationalsozialistischen Bevölkerungspolitik ablehnende Haltung gegenüber Familienpolitik insgesamt hinzu. Weil der Schreiber-Plan als Bevölkerungspolitik völlig missverstanden wurde, wehrte ihn – *viertens* – die katholische Kirche mit der Begründung ab, der Staat habe sich aus den Schlafzimmern herauszuhalten. Kanzler Adenauer, der blitzschnell seine Chance erkannte, mit der dynamischen Rente die Wählerschaft der Alten an sich zu binden, sah – *fünftens* –, dass Kinder keine Wähler[25]

---

[25] Im Gegensatz zu den Alten, denen er bei den Bundestagswahlen 1957 die absolute Mehrheit verdankte.

sind, und war – *sechstens* – der Überzeugung: *»Kinder kriegen die Leute immer!«*[26]

Obwohl nur das »Humankapital« die Deckung der Rentenanwartschaften sichert und die einzige echte Vorsorge für das System deshalb in der Kindererziehung liegt, sollten im neuen System ausschließlich die Erwerbsbeiträge lohnersetzende, lebensstandardsichernde Rentenanwartschaften begründen. Gleichzeitig wurden dadurch die Mütter um ihre durch die Kindererziehung genuin und originär erworbenen Ansprüche geprellt. Quasi über Nacht entstand das völlig neue Phänomen der Altersarmut von Frauen, die damals noch zu gut 90 Prozent Mütter waren oder wurden. Und Eltern mussten, statt – wie von Mackenroth und Schreiber gefordert – entlastet zu werden, infolge der Sozialisierung der Altenlasten bei privatisierten Kinderlasten ab 1957 zusätzlich noch die Altersvorsorge für ihre lebenslang kinderlosen Jahrgangsteilnehmer in Gestalt der Kindererziehung auf ihre Privatkosten leisten! Als »Generationenvertrag« verkleidet wurde hinter der ehrwürdigen Fassade des vorgeblich solidarischen Sozialversicherungssystems ein System der »Transferausbeutung der Famili-

---

[26] Dass dieser immer wieder bezweifelte Satz authentisch ist, wurde mir von Oswald von Nell-Breuning SJ bestätigt, dessen Expertise 1955/56 entscheidend zum Durchbruch des Schreiber-Plans beitrug.

en« installiert, wie es der Augsburger Rechtswissenschaftler Dieter Suhr 1990 beschrieb: »*Seitdem täuschen sich viele Sozial-, Familien- und Rentenpolitiker, viele ihrer juristischen Berater sowie der Verfassungsjuristen des Sozialstaates über die wirklichen Befunde hinweg. Sie nahmen die bloße Idee des halbierten ›Generationenvertrags‹ als ganze Wirklichkeit: ›Generationenvertrag‹ klingt nach Solidarität; es scheint, als ›vertrage‹ man sich fair und freiheitsfreundlich. Wie bei ›Vertrag‹ überhaupt suggeriert man sich und anderen, Leistungen und Gegenleistungen seien auch schon sachlich wohlbalanciert. Im schroffen Gegensatz zu dieser Fiktion steht die Wirklichkeit: Zwangstransfers, Ungerechtigkeit, Ausbeutung … Die Idee vom ›Generationenvertrag‹ fungierte bei alledem … als schiere Harmonisierungsoptik bei der Verschleierung von Wirklichkeit im Allgemeinen sowie von Zwang und Ungerechtigkeit im Besonderen. Das Wahrnehmungs-, Denk- und Beurteilungsvermögen wird durch solche fiktiven Harmoniehypothesen ideologisch verzerrt und emotional eingelullt.*«[27] Und das alles macht dann die Täuschung perfekt, die bekanntlich ja »*immer weiter als der Verdacht geht*« (François de La Rochefoucauld). Der Gesetzgeber hat der Gesellschaft damit ein Kuckucksei in

---

[27] Dieter Suhr: »Transferrechtliche Ausbeutung und verfassungsrechtlicher Schutz von Familien, Müttern und Kindern«, in *Der Staat*, 29/1990, S. 69 ff. (73 f.).

den »Generationenvertrag« als Nest gelegt: Eltern werden in ihm gezwungen, auf Privatkosten und damit auch zu Lasten der eigenen »Brut« die Altersvorsorge für ihre lebenslang kinderlosen Generationsgenossen mit zu erbringen.

Die Folgen der Reform für das soziale Zusammenleben sind fatal. Der Irrtum der naiven Versicherten, sie selbst und allein wären die Garanten ihrer Zukunftssicherung, lässt die Interessen der Kindergeneration verschwinden und macht den Einzelnen zum Maß aller Dinge. Dass die Ausgaben für Tourismus beispielsweise steigen und die für Bildung sinken, dürfte auf diesen Irrtum zurückzuführen sein. Erst die Rentenreform 1957 schuf das Fundament für diese strukturelle Rücksichtslosigkeit der individualistischen Gesellschaft gegenüber den Bedürfnissen von Kindern und Familien. In Gesellschaften aber, in welchen der Individualismus und damit der Einzelne zum Maßstab wird, verlieren gesellschaftliche Notwendigkeiten und Wertvorstellungen ihre Verbindlichkeit. Das schlägt nicht zuletzt auf die Erziehung zur sozialen Verantwortung durch, die immer schwieriger wird. Davon können vor allem Eltern wie Lehrer heute ein Lied singen. Zudem führt eine zunehmend abstraktere gesellschaftliche Organisation, welche die realen Existenzbedingungen für die Einzelnen unsichtbar macht, zu einem Verlust an gelebtem Gemeinsinn, denn

für den Einzelnen sind seine konkrete Verant-
wortlichkeiten nicht mehr wahrnehmbar.

»Wer Schweine erzieht, ist ein produktives Mitglied der Gesellschaft«

Sucht man nach den Gründen, weshalb eine derart widersinnige und den Vorstellungen der Erfinder des neuen Systems stracks zuwiderlaufende
und von ihnen heftig bekämpfte Reform überhaupt möglich wurde, kommt man am Rekurs
auf die große soziale Transformation des 19. Jahrhunderts nicht vorbei, die mit Stichworten wie
Industrialisierung und Urbanisierung, Trennung
von Haus und Arbeit, gesellschaftlicher Arbeitsteilung und zunehmender Durchdringung aller
Bereiche durch eine hochentwickelte Geldwirtschaft beschrieben wird. Dabei ist die Auflösung
der von lohnloser Zusammenarbeit und relativer
Autarkie getragenen Wirtschaftsformen des »ganzen Hauses« und der Landwirtschaft von beson-
derer Bedeutung. Sie führte nämlich zur räumli-
chen und zeitlichen Trennung von Erwerbs- und
Privatsphäre, wobei der Mann zum *Homo oecono-
micus* und die Frau zur *Domina privata* avancier-
te.[28] Gleichzeitig brachte es der Siegeszug der

---

[28] Hierzu im Einzelnen Uta Meier: »»Arbeit aus Liebe«:
Das Trivialisierungsphänomen weiblicher Alltagsarbeit

Markt- und Geldwirtschaft mit sich, dass diese Bereiche nicht als gleichwertige und komplementär aufeinander bezogene Aufgaben wahrgenommen, sondern diese Zweiteilung von Erwerbsarbeit und Privatem hierarchisch angelegt wurde. Das der Geldwirtschaft immanente »chrematistische Prinzip«,[29] das auf die Maximierung der Tauschwertproduktion ausgerichtet ist, beinhaltet nämlich per se ein Informations- und Bewertungssystem, in dem die reproduktiven Leistungen systematisch unterdrückt, verkannt und nicht selten der Lächerlichkeit preisgegeben werden. Denn die lohnabhängigen Arbeiten zählt man zum volkswirtschaftlichen Einkommen, die »stille« Arbeit der individuellen und gesellschaftlichen Reproduktion setzt man wertmäßig gleich null, weil das »Produkt« der Erziehung schließlich nicht tauschbar ist, ja, Erziehung wird sogar in »Urlaub« umgedichtet.[30] Friedrich List, der berühmte deutsche Nationalökonom aus dem

---

und seine verhängnisvollen Folgen«, in Dorothee C. von Tippelskirch und Jochen Spielmann (Hg.): *Solidarität zwischen den Generationen*, Stuttgart/Berlin/Köln 2000, S. 63 ff.

[29] Vom griechischen *chrēma* für »Ding, (gebrauchsfertige) Sache, Unternehmung; Geld«.

[30] Hans Immler: *Vom Wert der Natur*, Opladen 1989, S. 40 ff.; ausführlich zum »chrematistischen Prinzip« Jürgen Borchert: *Renten vor dem Absturz*, Frankfurt am Main 1994, Kapitel 16: Die gemeinsamen Ursachen der Umwelt- und Sozialzerstörung, S. 233 ff.

19. Jahrhundert, spottete deshalb über seine Zunft, bei ihr sei »*derjenige, der Schweine erzieht, ein produktives Mitglied der Gesellschaft und der, der Kinder erzieht, ein unproduktives*«.[31] Wie irrational diese Ökonomie tatsächlich ist, beleuchtet ein Blick auf die volkswirtschaftliche Gesamtrechnung (VGR). Denn in ihr finden wir ein ökonomisches Perpetuum mobile: Die VGR verrechnet zwar in der »Ergebnisrechnung« den Ertrag des Humanvermögens in Form der Arbeitsentgelte, stellt andererseits aber keinen Aufwand für die »Erstellung« des Humanvermögens in die Bilanz ein – Ertrag ohne Aufwand also! Der Grund für diesen kapitalen Fehler ist schlicht die Methodik der VGR, dass Privathaushalte ex definitione zu Orten des Konsums erklärt werden. Was das bedeutet, kann vielleicht folgendes Beispiel zeigen: Die Haushaltshilfe, die ihren Arbeitgeber heiratet und sodann als Ehefrau putzt, lässt das Sozialprodukt schrumpfen; lassen sie sich scheiden, und setzen sie das alte Modell fort, wächst das Sozialprodukt wieder. Wie kapital dieser Fehler im Denkmodell unserer Volkswirte – und ihnen darin folgend der der Juristen – ist, verrät der *5. Familienbericht der Bundesregierung*, der den von der VGR unterschlagenen Aufwand für das verfügbare Humanvermögen mit

---

[31] Friedrich List: *Das nationale System der politischen Ökonomie*, Jena, 4. Auflage 1922 (1841), S. 231.

15,285 Billionen DM bezifferte, dem (1990) ein Sachkapital zu Wiederbeschaffungspreisen von nur 6,9 Billionen gegenüberstehe.[32]

Würde man die Bilanzierungsregeln der VGR also auch auf den Privathaushalt erweitern, müsste deshalb der infolge der Geburtenarmut eintretende Verlust oder – abschreibungstechnisch gesprochen – »Verzehr« an Humanvermögen in der VGR bilanziert werden. Würde man dies tun, wäre mit einem Blick zu erkennen, dass das Ergebnis des Bruttoinlandsprodukts im Jahr 1996 um rund 40 Prozent zu hoch ausgewiesen wurde.[33] Vermutlich würde das auch dazu führen, dass die demografische Entwicklung ernster genommen würde, als das in Deutschland geschieht. Denn nur weil dies nicht passiert, sind so bizarre Denkoperationen möglich wie die, dass der Geburtenrückgang ja auch positive Seiten habe, weil der steigenden Altenlast doch der sinkende Jugendlastquotient gegenüberstehe und die Gesamtlast sich per saldo kaum nennenswert verändere![34] Weiter gedacht wäre es al-

---

[32] *Familien und Familienpolitik im geeinten Deutschland – Zukunft des Humanvermögens*, BT-Drucksache 12/7560, S. 144 f.

[33] Borchert in Hessische Staatskanzlei (Hg.): *Die Familienpolitik muss neue Wege gehen!*, a. a. O., S. 138 ff. (m.w.N.)

[34] Herbert Ehrenberg und Anke Fuchs: *Sozialstaat und Freiheit*, Frankfurt am Main 1980, S. 248 ff.; Gerd Bosbach, Dokumentation in der *Frankfurter Rundschau* vom 23. Februar 2004.

so am besten, wir hätten überhaupt keine Kinder mehr, denn dann machten wir sogar noch ein Plus! Diese verbreitete Haltung gegenüber der demografischen Frage ist deshalb wie der Trost des Beinamputierten, dass das rechte Bein umso länger ist, wenn das linke zu kurz ist. Dass auch der 12. Senat des Bundessozialgerichts dieser Denkweise anhängt, belegt ein Urteil vom 5. Juli 2006. Darin hat das Gericht nämlich die Kindererziehung als quasi ehrenamtlich begriffen und die Schädlichkeit der Kindererziehung für das Rentensystem mit der Überlegung begründet, dass die Eltern umso mehr Beiträge leisten könnten, je weniger sie durch Kindererziehung davon abgehalten würden![35] Schon vor fast dreißig Jahren stellte der damalige Präsident des Bundesverfassungsgerichts Wolfgang Zeidler zu solchen Denkabenteuern fest, dass *»unser hochzivilisiertes Gemeinwesen nicht einmal den Instinkt eines Wolfsrudels hat«*.[36]

---

[35] B 12 KR 20/03 R. Die Staatsrechtslehrerin Anne Lenze bezeichnete die Argumentation als »intellektuell unredlich«, »Kindererziehung als generativer Beitrag in der Gesetzlichen Rentenversicherung«, in *NZS*, 8/2007, S. 407 ff.

[36] »Die laufen ins offene Messer«, Interview mit Wolfgang Zeidler in *Der Spiegel*, 50/1984, S. 52 ff.

Irrtum als Grundrecht?

Wie umfassend der semantische »Versicherungs-betrug« von 1957 wirkte, sollte sich rund dreißig Jahre nach der Reform zeigen, als selbst das Bundesverfassungsgericht ihm zum Opfer fiel und den Irrtum des »naiven Versicherten« zum Grundrecht machte. In seinem Urteil vom 16. Juli 1985 dekretierte das Gericht unter lautem Beifall der Jurisprudenz und der Sozialversicherungsfachleute, die diese Frage über dreißig Jahre lang intensiv und mit allen juristischen Finessen und Subtilitäten diskutiert hatten,[37] nämlich den Eigentumsschutz der Rentenanwartschaften: »*Voraussetzung für einen Eigentumsschutz sozialversicherungsrechtlicher Positionen ist eine vermögenswerte Rechtsposition, die nach Art eines Ausschließlichkeitsrechts dem Rechtsträger als privatnützig zugeordnet ist; diese genießt den Schutz der Eigentumsgarantie dann, wenn sie auf nicht unerheblichen eigenen Leistungen beruht und zudem der Sicherung seiner Existenz dient.*«[38] Hatte das Gericht in seiner Vorläuferentscheidung vom 28. Februar 1980 noch mehrfach auf den »*Ge-*

---

[37] Dazu Anne Lenze: *Rentenreform zwischen Eigentumsschutz, Gleichheitssatz und europäischer Integration*, Habilitationsschrift, Frankfurt am Main 2004, Teil 1: Der Beitrag des Eigentumsgrundrechts, S. 10 ff., mit vielen Nachweisen.
[38] BVerfGE 69, 272 ff. (Leitsatz 1).

samtzusammenhang, der auf dem Gedanken der Solidargemeinschaft und des Generationenvertrags beruht«, hingewiesen,[39] fehlte dieser Vorbehalt in der Entscheidung von 1985 vollends. Er hätte auch in einem unauflöslichen Widerspruch zu ihren tragenden Ausführungen gestanden, denn das Gericht hätte sich dann zwangsläufig damit auseinandersetzen müssen, dass die »Eigenleistung« der »Versicherten« in der güterwirtschaftlichen Realität ebenjenes Gesamtzusammenhangs von Solidargemeinschaft und Generationenvertrag eine reine Fremdleistung ist. Sie ist nämlich nichts anderes als der von der aktiven Generation der Elterngeneration geschuldete und von dieser unmittelbar und restlos verbrauchte Unterhalt – nur eben sozialrechtlich verkleidet. Ebenso wie zum Start des Systems am 23. Februar 1957 kein einziger der über Nacht mit lohnersetzenden Renten beglückten Rentner auch nur einen Pfennig Vorsorgeleistung für das neue System gezahlt hat, ist dies heute der Fall. Deshalb kann von einer »Eigenleistung« bei der Rentenversicherung allenfalls juristisch-fiktiv die Rede sein. Ein reales Substrat dafür fehlt: *»Diese ungeheure Summe von Versorgungsanwartschaften ist kein Aktivposten in unserer volkswirtschaftlichen Vermögensrechnung, es sei denn, man stellt ihm den*

---

[39] BVerfGE 53, 257 (292, 295).

genau gleichen Passivposten gegenüber, diese Ansprüche einzulösen. Das ist eine Forderung der Elterngeneration gegen die nachwachsende jüngere Generation, die sich null zu null aufhebt«, versuchte Oswald von Nell-Breuning in einem Briefwechsel mit dem Berichterstatter des Ersten Senats Dietrich Katzenstein und einem Interview in der *Frankfurter Rundschau* im Frühjahr 1985 den drohenden Irrtum noch zu verhindern: *»Eigentum kann man dem Nachwuchs vererben, diese Ansprüche richten sich aber, genau umgekehrt, gegen die Kindergeneration!«*[40] Also auch juristisch ein paradoxes Ergebnis: Das Faktische wird normativ auf den Kopf gestellt – die Flüsse sollen bergauf fließen. In Wirklichkeit geht aber alles den Bach runter.

Das neue Grundrecht der Eltern auf »intragenerationelle Gleichbehandlung«

Die Entscheidung wurde von den Rentenversicherern begeistert begrüßt, die fortan das Mantra der Beitragsäquivalenz intonierten, ohne allerdings in der Lage zu sein zu erklären, was das

---

[40] Oswald von Nell-Breuning: »Rentenreform '84 – auf dem richtigen Weg?«, Gespräch mit Jürgen Borchert in *Zeitschrift für Sozialreform* 1985 (Jg. 31), S. 359 ff.

genau beinhalten soll: Individual-, Gruppen-, Teilhabeäquivalenz oder was auch immer. Tatsache ist jedenfalls, dass die Rentner von 1957 für Pfennigbeiträge zum untergegangenen System relativ die höchsten Renten erhielten, und am Ende werden sehr viele, wenn nicht die meisten, die 2025 noch Beiträge nach einem Tarif von 23 Prozent zur Alimentierung der Alten leisten sollen, weit unter dem heutigen Grundsicherungsniveau landen. Sieht so Äquivalenz aus? Oder ein Kettenbriefspiel?

Nicht ohne Grund hat das Bundesverfassungsgericht seine Rechtsprechung im »Trümmerfrauenurteil« vom 7. Juli 1992 sowie im »Beitragskinderurteil« vom 3. April 2001 radikal vom Kopf auf die Füße gestellt und am Beispiel der gesetzlichen Pflegeversicherung die »Beitragsäquivalenz« der Kinderziehung mit Geldbeiträgen festgestellt, und zwar stellvertretend für alle Sozialsysteme, in denen die Jungen die Alten unterhalten müssen! Nur so wird die elementare, von der Versicherungsterminologie verhüllte Bedeutung der Nachwuchsgeneration für das Wohl und Wehe der sozialen Sicherungssysteme wieder erkennbar. Seit dem 3. April 2001 gibt es nun das Grundrecht der Eltern auf »intragenerationelle Gleichbehandlung«[41]: Ihre Erzie-

---

[41] Den Begriff prägte der Regensburger Staatsrechtslehrer Thorsten Kingreen.

hungsbeiträge sind auf der Beitragsseite in das Rechenwerk einzustellen. Eine gewaltige Reformaufgabe, der sich der Gesetzgeber aber bisher verweigert. Den Eltern wird jedoch nicht mehr lange zu verheimlichen sein, dass man ihnen ihre guten Rechte und damit viel, viel Geld vorenthält – pro Jahr und Kind rund 2100 Euro![42] Der überfällige Elternaufstand wird deshalb kommen, früher oder später, und mit dieser verfassungswidrigen Politik, die Familien finanziell erdrosselt, abrechnen.

Die semantische Verkehrung der Schlüsselbegriffe in der Sozialstaatsdebatte

Die Beibehaltung des völlig verfehlten Versicherungsbegriffs für das Rentensystem nach der Rentenreform 1957 ist sicherlich der schwerwiegendste Fehlgriff, aber beileibe nicht der einzige. In der Steuer- und Sozialpolitik wimmelt es vielmehr von semantischen Verhüllungen, Verzerrungen und Verwirrungen. Sie alle wirken fatal. Am Beispiel der »demografischen Entwicklung« soll das hier ebenfalls noch einmal verdeutlicht

---

[42] Wenn nur das Existenzminimum der Kinder von Sozialbeiträgen in der Renten-, Kranken- und Pflegeversicherung freigestellt würde.

werden.[43] Mit ihr werden ja ganze Reformbündel begründet: die Notwendigkeit der Eigenverantwortung oder der harten Einschnitte in das Sozialleistungsniveau wie die Anhebung des Rentenalters oder Zuzahlungsregelungen in der Krankenversicherung. Diese Diagnose und Therapie ist indes gemeingefährlich, vergleichbar einem Arzt, der statt des entzündeten Blinddarms die gesunde Niere entfernt. Denn zum Befund der »demografischen Entwicklung«, der kollektiven Alterung also, gehört die Diagnose, dass diese (derzeit) zwei dominante Ursachen hat, nämlich einerseits die steigende Lebenserwartung, andererseits den Geburtenrückgang; anders als noch vor zwanzig Jahren spielt Migration nur eine marginale Rolle. Dabei wiegt der Einfluss des generativen Faktors mit einem Wirkungsanteil von zwei Dritteln doppelt so schwer wie die »Mortalitätsveränderung«.[44] »Kinderlosigkeit« ist somit die Hauptursache der zu lösenden Schwierigkeiten, für die man Eltern aber gerade nicht

---

[43] Auf andere, zum Beispiel den »Arbeitgeberbeitrag« oder die »beitragsfreie Mitversicherung«, wird noch im Kontext der durch sie verursachten Probleme zurückzukommen sein.

[44] Bundesministerium für Gesundheit und Soziale Sicherung: *Nachhaltigkeit in der Finanzierung der sozialen Sicherungssysteme (Bericht der »Rürup-Kommission«)*, S. 51 ff.; Hermann Adrian: *Die demographischen Ursachen des wirtschaftlichen Niedergangs*, Manuskript, Universität Mainz, 30. September 2003.

»selbstverantwortlich« haften lassen kann, weil sie diese Eigenverantwortung längst wahrgenommen haben. Lässt man sie mithaften oder gar den Löwenanteil tragen, dann wird die – selbstverständliche – Freiheit für einen Lebensentwurf ohne Kinder von der Verantwortung für dessen Folgen entkoppelt. Sie und ihre Kinder müssen für die Konsequenzen kinderloser Lebensentwürfe geradestehen. Das ist aber das genaue Gegenteil von »Eigenverantwortung«. Wir haben es also mit einer Therapie zu tun, an der der Patient womöglich zugrunde geht.

Die semantischen Igel sind des Sozialstaatshasen Tod

Derzeit – Ende Mai 2013 – beherzigt jedenfalls keine politische Kraft in Deutschland die Einsicht Ferdinand Lassalles, dass alle politische Aktion damit beginnen muss, *»das laut zu sagen, was ist«*. Aber »das, was ist«, überhaupt noch zu erkennen, verhindert eben die Sprache. Denn »die Realität sieht in Wirklichkeit ganz anders aus« (Graffito), als die Sprache sie uns vorgaukelt. So gibt es aus der falschen Begrifflichkeit kaum noch ein Entrinnen. Die semantischen Igel sind des Sozialstaatshasen Tod. Denn wo auch Verantwortung gar nicht mehr wahrnehmbar ist, ist die Verletzung der »*Baugesetze der Gesellschaft: Solidarität und Subsidiarität*«[45] bereits eingetreten und rieselt die Gesellschaft auseinander wie loser Sand. Dem Feuilletonisten Konrad Adam gebührt das Verdienst, dies an einem Paradebeispiel eines semantischen Betrugsversuchs dingfest gemacht zu haben. Als Minister Blüm anlässlich der Einführung der Pflegeversicherung (im Wahljahr 1994!) nämlich triumphierte, mit ihr erhalte der Sozialstaat seinen »Schlussstein«, notierte Adam mit Blick auf die familienfeindlichen Verteilungswirkungen des neuen Systems: »*Das mag stimmen. Aber das Material dafür hat man dem Fundament entnommen.*« Gemeint war die familienfeindliche Konstruktion, die dem Generationenvertrag der gesetzlichen Rentenversicherung nachgebildet worden war; diesen hatte das Bundesverfassungsgericht jedoch kurz zuvor – im Jahr 1992 – mit dem Trümmerfrauenurteil verworfen, und auch die Pflegeversicherung sollte den Stempel »Verfassungswidrig!« erhalten, nämlich mit dem Beitragskinderurteil vom 3. April 2001.

---

[45] So der Titel des Buchs von Oswald von Nell-Breuning, Freiburg 1980.

KAPITEL 2

Die Front liegt nicht am Hindukusch – Wie Bildungsarmut produziert und Zukunftsfähigkeit vernichtet wird

Für den drohenden Konflikt um die fossilen Ressourcen steht der Irakkrieg Modell, und vor mehr als zehn Jahren verkündete Bundesverteidigungsminister Peter Struck, dass unsere Freiheit, unser Frieden und Wohlstand am Hindukusch verteidigt würden. Deutsche Handelsinteressen auch in entfernten Weltregionen notfalls militärisch durchzusetzen, hielt auch Bundespräsident Köhler am 22. Mai 2010 im Interview mit dem Deutschlandfunk für richtig.[46] Aber keine Angst. Das wird nicht mehr

---

[46] Dass er nicht allein steht, zeigt der Beitrag Alexander Gaulands im *Tagesspiegel* vom 23. Juli 2012 mit dem Titel »Diffuser Pazifismus. Warum sich die Deutschen mit Gewalt so schwertun«, in dem er dafür wirbt, bei der Entscheidung über die militärische Durchsetzung deutscher Interessen künftig allein politische Nützlichkeitserwägungen anzustellen. Zu Recht kritisch dazu der Richter am Bundesverwaltungsgericht Dieter Deiseroth: »Einstimmung auf Verfassungs- und Völkerrechtsbruch«,

passieren. Denn das morsche Kanonenboot »Deutschland« wird sinken, bevor es noch einmal zu einem zweiten Afghanistan kommt. Reederei und Kommandobrücke haben nämlich seit Jahrzehnten aus Kostengründen am Wichtigsten gespart: der Mannschaft. Dabei kommt es in kritischen Situationen auf diese an. Ihre Ausbildung, ihr Zusammenhalt, ihre mentale Stärke, ihr Verantwortungsgefühl und Pflichtbewusstsein sind schicksalsentscheidend. Einer für alle, alle für einen. Jede Schwachstelle hat im Sturm verheerende Folgen.

Unglaublich, aber wahr:
Die doppelte Kinderarmut

Ausgerechnet am Hindukusch wurde dieses kardinale Versagen der Politik nun für sie selbst spürbar. »*Engpässe bremsen den Verteidigungsminister. Nicht genug Piloten für Kundus*«, teilte uns die *Frankfurter Allgemeine Zeitung* am 17. November 2009 nämlich mit. Es fehle am Personal, um die dringend benötigten Hubschrauber zum

---

Verdikt 2/12, S. 24 f. Dass es sich bei derartigen Positionen um Ignoranz gegenüber den entgegengesetzten Lehren des 20. Jahrhunderts handelt, zeigt Harald Schumann zusammen mit Christiane Grefe in dem epochalen Werk *Globaler Countdown*, Köln 2008, S. 14 ff.

Einsatz zu bringen; bei den Infanterieeinheiten bestehe ein ähnliches Problem. Unversehens kämpft so nun auch das Militär mit einem Phänomen, das die Wirtschaft schon einige Jahre früher schmerzlich als »Lehrlingslücke« und »Facharbeitermangel« wahrzunehmen begann und das nun die Zukunft zu verdunkeln beginnt: Deutschland geht der bildungsfähige Nachwuchs aus. Die Front liegt nicht am Hindukusch, sondern Freiheit, Frieden und Wohlstand wurden an der Heimatfront verloren.

Unglaublich, aber wahr: Obwohl die Geburtenzahl in Gesamtdeutschland seit 1965 von über 1,3 Millionen auf rund 650 000 im Jahr 2012 glatt halbiert wurde, stieg der Anteil der Kinder im Sozialhilfe- bzw. im Hartz-IV-Bezug auf das 16-Fache; stand 1965 nur jedes 75. Kind unter sieben Jahren zeitweise oder auf Dauer im Leistungsbezug, so trifft dies heute auf jedes fünfte Kind insgesamt zu. 2,5 Millionen Kinder wurden zwischenzeitlich gezählt, in manchen Stadtteilen Berlins, Bremens und anderswo reichen die Quoten bereits an die 50 Prozent heran. Anfang der neunziger Jahre waren es »nur« eine Million; seit damals hat die Gesamtzahl der Kinder unter zwanzig aber Jahr für Jahr im Schnitt um circa 15 000 abgenommen. Und dieser relative und absolute Zuwachs der Armut ist auch nicht etwa darauf zurückzuführen, dass Hartz IV so viel großzügiger wäre als die auf dem Höhepunkt des Wirtschaftswunders 1963 eingerichtete Sozialhilfe. Im Gegenteil: Die für das Leistungsniveau maßgebenden Existenzminima wurden über die Jahrzehnte immer weiter heruntergeschraubt; um das Existenzminimum von 1965 zu erreichen, müssten die Hartz-IV-Leistungen heute um mehr als 30 Prozent angehoben werden.[47] Nach den Maßstäben von damals läge der Anteil der Kinder im Sozialhilfebezug heute deshalb schätzungsweise beim Doppelten der gegenwärtigen Quote, denn die Hälfte aller Kinder wird nach Angaben des Statistischen Bundesamtes in prekären Einkommensverhältnissen rund um die Armutsgrenze groß. Auch andere amtliche Materialien belegen, dass schätzungsweise 5,9 Millionen Kinder, das waren rund ein Drittel aller kindergeldberechtigten Kinder, in Haushalten mit einem Einkommen der Eltern von bis zu 15 300 Euro und damit weit unter der Grenze relativer Armut leben.[48] Unglaublich, aber wahr: Je weniger Kinder wir haben, desto schlechter werden sie behandelt. Eine der reichsten Nationen der Welt lässt ihren Nachwuchs verkommen.[49]

---

[47] Siehe dazu den Vorlagebeschluss des HessLSG vom 29. Oktober 2008-L 6 AS 336/07, Umdruck S. 25 f.

[48] Vgl. BT-Drucksache 16/2213 vom 18. Juli 2006, S. 12.

[49] In der Reichtumskala rangiert Deutschland unter den 200 Staaten der Welt auf Platz 4, bei der Geburtenrate auf Position 197.

Kinderarmut gleich Bildungsarmut

Das ist nicht nur eine Schande. Sondern Zukunftsvernichtung. Unter den drei Wohlstandsquellen – Boden, Kapital und Arbeit – ist die menschliche Arbeit aufgrund ihrer Bedeutung für den technischen Fortschritt der dominierende Produktionsfaktor, wie schon Adam Smith und Friedrich List betonten.[50] Theodore W. Schultz erhielt den Nobelpreis für sein Lebenswerk, mit dem er nachwies, dass die »Investition« in Menschen und ihr Wissen – Bildung! Bildung! Bildung! – der entscheidende Faktor zur Sicherung und Steigerung gesellschaftlicher Wohlfahrt ist. Armut im Kindesalter schlägt jedoch mit Wucht auf die Bildungsfähigkeit des Nachwuchses durch, wovon unmittelbar der Erfindungsreichtum, die Innovationsfähigkeit und damit die künftige Produktivitätsentwicklung abhängen. Ob der Wirtschaftsstandort und der Sozialstaat stehen oder fallen, entscheidet sich mit dem Wohl oder Wehe des Nachwuchses.

Permanenter ökonomischer Stress in den Elternhäusern und womöglich dadurch die Zerrüttung der elterlichen Beziehungen bis hin zu verbalen und tätlichen Auseinandersetzungen ist für

---

[50] Nach H.-G. Krüsselberg, M. Auge und M. Hilzenbecher: *Verhaltenshypothesen und Familienbudgets*, Bd. 182 der Schriftenreihe des BMJFG, Stuttgart 1986, S. 29 f.

die Entwicklungsbedingungen von Kindern besonders schädlich. Kinder, die in prekären Einkommenslagen aufwachsen, haben zudem deutlich schlechtere Bildungschancen. Bildung, die Geld kostet, bleibt versagt. Die Chance, später ein Studium aufzunehmen, ist für Kinder aus gutsituierten Elternhäusern mehr als siebenmal so groß. Mindestens ebenso verhängnisvoll ist die Tatsache, dass Kinder in prekären Verhältnissen eine dramatisch schlechtere gesundheitliche Verfassung aufweisen als ihre Altersgenossen, die ohne materielle Nöte aufwachsen können. Im Zuge der Familienverarmung wird die Sozialisationsfunktion der Familie so zunehmend mit der Folge behindert, dass die vielfältigen für das Gelingen der freiheitlichen Gesellschaft grundlegenden Prägungen zunehmend misslingen: Übertragung kultureller und moralischer Werte, kommunikative Fähigkeiten, Arbeitsmotivation, Vertrauensbereitschaft und Zuverlässigkeit. Ein Drittel der Kinder ist bei der Einschulung entwicklungs- und/oder verhaltensgestört, und ein Viertel aller Jugendlichen verlässt die Schule, ohne das Minimum an Kulturtechnik – Lesen, Schreiben, Rechnen – zu beherrschen, das selbst Hilfsarbeiten voraussetzen. Bei den Zwanzig- bis Dreißigjährigen verzeichnet Deutschland seit über zehn Jahren einen soliden Sockel von 1,5 Millionen Langzeitarbeitslosen, obwohl die Jahrgänge kontinuierlich schrumpfen![51] Ebenso lässt sich die auf sieben bis acht Millionen geschätzte Zahl der Analphabeten hierzulande keineswegs nur mit der Zuwanderung bildungsferner Migranten erklären. Es kann inzwischen auch kein Zweifel mehr daran bestehen, dass sich diese Entwicklung nachhaltig und generationenübergreifend auswirkt, so quasi multipliziert und verfestigt. Armut wird offensichtlich zunehmend erblich.

Deutschland am internationalen Pranger

Die massenhafte Vernichtung der Bildungspotenziale, die hierzulande stattfindet, hat sogar schon die Vereinten Nationen alarmiert, wie der Besuch des UN-Sonderbeauftragten für Bildung Vernor Muñoz im Februar 2006 und seine harte Kritik an der Bildungssituation hierzulande zeigte.[52] In der ebenso kurzen wie heftigen Debatte, die sein im März 2007 publizierter Bericht lostrat, mussten sich die Verantwortlichen aus drei Dekaden Familien- und Bildungspolitik in der

---

[51] Dazu BT-Drucks 17/5344 vom 4. April 2011 »Ursachen und Perspektiven für 1,5 Millionen junge Menschen ohne Schul- oder Berufsabschluss«.

[52] http://de.wikipedia.org/wiki/Bericht_ProzentC3ProzentBCber_den_Deutschlandbesuch_des_UN-Sonderberichterstatters_fProzentC3ProzentBCr_das_Recht_auf_Bildung.

Tagesschau vom 21. März 2007 anhören: »*Eben-so wie afrikanische Länder sich Besuche von Men-schenrechtsbeobachtern aus Europa gefallen lassen müssen, dürfen Menschenrechtsbeobachter mit ei-ner Herkunft aus Costa Rica die Menschenrechtssi-tuation in Deutschland begutachten!*«

Das bringt es auf den Punkt: Es geht um nichts weniger als die Menschenwürde unserer Kinder, die in Deutschland tief verletzt wird. Nicht erst seit gestern, sondern seit Jahrzehnten, wie das monströse Lehrstellenlotto beweist, das die Bonner Volksbank zusammen mit der ZDF-Redaktion »Wirtschaft und Soziales« (WISO) am 27. September 1984 mit dem leibhaftigen Bundesminister für Arbeit und Sozialordnung Norbert Blüm als Glücksfee im Rampenlicht veranstaltete: Auf dem Höhepunkt der Lehrstel-lenkrise wurde eine zusätzliche Lehrstelle verlost. Man stelle sich einmal vor, unter Tausenden von mittellosen alten Leuten würde eine Rente ver-lost – was für einen Aufstand das gäbe! Außer ein paar lauen Kommentaren in den Tageszeitungen war damals aber nichts zu hören. Dazu passt heute, dass die Bildungsausgaben relativ nicht zuletzt zu den Ausgaben für Tourismus immer weiter schrumpften; inzwischen liegen die öf-fentlichen Bildungsausgaben von Bund, Län-dern und Gemeinden mit 106,2 Milliarden Euro (2011) nicht mehr allzu weit von den Ausgaben

der Inländer für Auslandsreisen in Höhe von
84 Milliarden Euro entfernt.

Große Koalition gegen kleine Kinder

Dass sich seit dem üblen Lehrstellenlotto bis
heute nichts grundlegend geändert hat, die Formen vielleicht, aber nicht die Inhalte, beweist
das »Bildungspaket«, das die ganz große Koalition aus CDU/CSU, FDP, SPD und Grünen im
März 2011 nach dem Hartz-IV-Urteil des Bundesverfassungsgerichts im Vermittlungsausschuss
geschnürt hat. Es war übrigens dieselbe große
Koalition, die im Dezember 2003 das verfas-
sungswidrige Hartz-IV-Gesetz verabschiedete.
Es beweist zum einen erneut, dass Böcke schlech-
te Gärtner sind, und zum anderen, dass die guten Rechte kleiner Leute es in Deutschland gegen große bürgerliche Mehrheiten schwer haben.
Obwohl das Bundesverfassungsgericht im zugrunde liegenden Urteil vom 9. Februar 2010
zur Ermittlung des Existenzminimums nämlich
den Stellenwert von Bildung in Bezug auf die
Menschenwürde von Kindern mehrfach betont
hat, haben die Mehrheiten von Bund und Ländern für das Existenzminimum von Kindern erneut nur kleine Münzen übrig. Nach wie vor
fokussiert sich das Gesetz auch im Bereich der

Bildung und Teilhabe von Kindern auf den minimalistischen Maßstab der bloßen Existenzsicherung, statt sich hier am gesellschaftlichen Durchschnitt und damit am Aufstieg der sonst womöglich verlorenen Generation aus der materiellen Unterschicht zu orientieren. Obwohl alle verfügbaren Studien darin übereinstimmen, dass gerade ärmere Familien sich für ihre Kinder besonders anstrengen, sich sogar für Bildungsbedarfe verschulden, wird lieber Geld in Bürokratie gesteckt und verhält sich der Gesetzgeber auch hier wie ein trickreicher Hütchenspieler, um nur ja zu vermeiden, armen Familien die dringend benötigten zusätzlichen Barmittel in die Hand zu geben. So müssen Bedarfe, die zuvor im Regelsatz enthalten waren, nun extra beantragt werden. Das bedeutet für viele sogar noch weniger Mittel für Bildung als früher. Der Zugang zur Bildung wird durch komplizierte Antragsverfahren und jede Menge bürokratischer Hürden versperrt, die dazu führen, dass der Verwaltungsaufwand nun teurer wird als der Inhalt des Pakets. Die ewige Litanei der Ministerin Ursula von der Leyen *»Das Geld muss bei den Kindern ankommen!«* wird so zur Karikatur.

Über Worte und Taten

Der ehemalige hessische Ministerpräsident Roland Koch, heute Vorstandsvorsitzender des Baukonzerns Bilfinger, hatte den Ernst der Lage früher als andere erkannt. Anfang 2002 beschrieb er sie wie folgt: *»Kinder sind die wichtigste Zukunftsressource eines Landes. Ihre Zahl, Begabung, Ausbildung und Leistungsfähigkeit sind entscheidend. Das gilt erst recht für das rohstoffarme Deutschland. Es ist deshalb alarmierend, dass die deutsche Geburtenrate im weltweiten Vergleich seit 30 Jahren ganz hinten liegt. Es entfallen auf jede Frau durchschnittlich nur noch rund 1,35 Geburten; in Frankreich sind es 1,71, in Großbritannien und Dänemark 1,72 und in den USA sogar 2,0. Auch bei den Bildungsanstrengungen, das zeigen die OECD-Statistiken, liegt Deutschland weit abgeschlagen an viertletzter Stelle, gleichauf mit Mexiko. Tatsache ist, dass inzwischen jedes siebte Kind in Deutschland zeitweise oder auf Dauer Sozialhilfe in Anspruch nehmen muss. Das kann die Bildungs- und Leistungsfähigkeit gravierend beeinträchtigen.«*[53] Auf die politischen Konsequenzen, die Hessen zum Beispiel über Bundesratsinitiativen hätte ziehen können, wartet man freilich bis heute. Inzwi-

---

[53] »Familienförderung ist die beste Wirtschaftsförderung«, *Soziale Ordnung*, 1/2002, S. 12 f., 17.

schen hat sich die Situation aber noch beträchtlich verschärft.

Kapital- oder Kinderinteressen?

Allerdings erweckt die intensive Debatte um den Ausbau der frühkindlichen Fremdbetreuung heute den Eindruck, als sei das Problem der doppelten Kinderarmut bei den Verantwortlichen angekommen. Nahezu alle gesellschaftlichen Gruppen stimmen darin überein, dass ihm nur mit der Steigerung der Müttererwerbstätigkeit und des Krippenausbaus sowie der Ganztagsschulen beizukommen ist. Eine historische Pointe, denn nirgendwo sonst kam dieses Konzept totalitärer zur Anwendung als in der vor dem Mauerfall so geschmähten DDR. Für das Konzept spricht aber die Tatsache, dass das alte Deutschland in Sachen frühkindlicher Fremdbetreuung unbestreitbar noch Entwicklungsland ist. Andererseits weckt der Blick auf die neuen Bundesländer mit ihrer immer noch hohen Krippendichte und Müttererwerbstätigkeit jedoch Zweifel, denn dort ist das Problem der doppelten Kinderarmut eher noch gewachsen. Betrachtet man die Dinge dann genauer, so wird deutlich, dass hier nicht die Kinderinteressen leitend sind, sondern mächtige Wirtschaftsinter-

essen. So stammt das richtungweisende Strate-
giepapier zur »Bevölkerungsorientierten Familienpolitik« vom 8. November 2004 aus dem Institut der deutschen Wirtschaft (IW) und trägt
neben der Unterschrift von dessen Direktor Michael Hüther sowie der damals zuständigen Fa-
milienministerin Renate Schmidt noch die von
Michael Rogowski, seinerzeit Präsident des Bun-
desverbandes der Deutschen Industrie (BdI).
Familienpolitik, so heißt es darin, müsse an drei
Hebeln ansetzen: Arbeitsmarkt, Bildung und
Geburtenraten. In quantitativer wie auch in qua-
litativer Hinsicht führe der Bevölkerungsrück-
gang auch zu einem Rückgang des insgesamt
verfügbaren Potenzials an Wissen und Fähigkeiten. Deshalb müsse sehr frühzeitig in die Quali-
fikation des zahlenmäßig knapper werdenden
Nachwuchses und konkret statt familienbezoge-
ner Transfers (Geldleistungen) mehr in Krippen
und Ganztagsschulen investiert werden. Dem
assistierte auch die Bertelsmann-Stiftung mit ihrer Studie *Volkswirtschaftlicher Nutzen von frühkindlicher Bildung in Deutschland.*[54]

---

[54] Tobias Fritschi, Tom Oesch: *Volkswirtschaftlicher Nutzen von frühkindlicher Bildung in Deutschland. Eine ökonomische Bewertung langfristiger Bildungseffekte bei Krip-
penkindern,* www.bertelsmann-stiftung.de/bst/de/media/
xcms_bst_dms_23966_23968_2.pdf.

Eine Ausweitung der Müttererwerbstätigkeit schlägt schließlich auch der Gesamtverband der deutschen Versicherungswirtschaft (GdV) in seiner Broschüre *Altersvorsorge und demographischer Wandel: Kein Vorteil für das Kapitaldeckungsverfahren?* vor, der sich Sorgen um die Kapitalrendite der Lebensversicherungen macht: »*Im Zuge des demographischen Wandels*«, steht dort auf Seite 6, »*wird somit der Produktionsfaktor Arbeit knapper und der Produktionsfaktor Kapital – zumindest relativ, also im Verhältnis zum Produktionsfaktor Arbeit – reichlicher zur Verfügung stehen. Infolge dieser Veränderung der relativen Knappheitsverhältnisse dürften die Arbeitslöhne steigen und die Kapitalrenditen – unter der Voraussetzung einer sinkenden Grenzproduktivität des Kapitals – sinken.*« Dem könne aber durch eine Ausweitung der Müttererwerbstätigkeit sowie der Anhebung des Rentenalters entgegengewirkt werden.[55] Mit wünschenswerter Klarheit, wenn auch an eher versteckter Stelle, wird hier offengelegt, dass die »bevölkerungsorientierte Familienpolitik« den Kapitalinteressen also vor allem deshalb ins Konzept passt, weil sie die im Zuge des demografischen Wandels zunehmende Verhandlungsmacht der Gewerkschaften durch Mobilisierung der mütterlichen Reservearmee abschwächen könnte.

---

[55] www.gdv.de/wp-content/uploads/2011/12/Publikation_Themen_und_Analysen_Heft_1_2003.pdf.

Deshalb wundert es auch nicht, dass – obwohl evident – die schweren Hindernisse für eine Familiengründung in Deutschland nicht zur Sprache kommen, die vor allem in der Reichweite der Arbeitgeberschaft liegen. Denn wer Verantwortung für eine Familie übernehmen will, braucht zuallererst verlässliche berufliche Perspektiven. Wo diese gegeben sind – zum Beispiel bei jungen Lehrer(inne)n und Richter(inne)n –, lässt der Nachwuchs nicht lange auf sich warten. Die letzten Jahrzehnte waren jedoch durch die zunehmende Deregulierung des Arbeitsmarkts, den Abbau von Kündigungsschutz und die Ausweitung von Befristungsmöglichkeiten gerade bei jungen Arbeitnehmern gekennzeichnet. Dass junge Leute mit Berufsabschluss jahrelange Warteschleifen in Praktikantenverhältnissen drehen oder befristete Beschäftigungen, Leiharbeit, Teilzeitbeschäftigung, geringfügige Beschäftigung oder Beschäftigung zum Niedriglohn annehmen müssen, ist längst ein Massenphänomen. »*Die Generation des Weniger*« – so überschrieb das *Spiegel Spezial Berufsstart* im Juni 2007 ein Interview mit dem Soziologen Ulrich Beck, in dem dieser eine dramatische gesellschaftliche Veränderung skizziert: »*Der Übergang zu unsicheren Arbeitsverhältnissen ist ein richtiger Generationsbruch und sogar etwas, das eine neue Generation konstituiert.*« Dass diese entscheidende und zudem auf der Hand liegende Dimension einer »bevölkerungsorientierten Familienpolitik« von der Bundesregierung und den Arbeitgebern ausgeklammert wird, unterstreicht den einseitig an Kapitalinteressen ausgerichteten Ansatz des Konzepts, denn Letztere wären die Hauptadressaten der entsprechenden legislativen Konsequenzen für stabilere Berufsperspektiven der Menschen im Alter der Familiengründung. Ob eine solche Parteinahme für Partikularinteressen durch Regierungsmitglieder, die sich hier unterschriftlich verewigten, mit der im Amtseid beschworenen »Gerechtigkeit gegen jedermann« vereinbar ist, darf jedenfalls bezweifelt werden.

Familienpolitik gegen die Eltern?

Dieses Fazit wird auch durch eine weitere Beobachtung bestätigt. Denn die Frage danach, was eigentlich Kindern guttut, sucht man vergeblich; und auffallend ist die Tatsache, dass in der öffentlichen Orchestrierung des Themas in Medien und Politik zwar jede Menge Ökonomen, Juristen, Politologen und Sozialwissenschaftler beteiligt sind, jene Fachleute aber in aller Regel außen vor bleiben, die sich von Berufs wegen mit dem Wohl und Wehe von Kindern befassen: Kinderpsychologen, Kinderärzte, Sozialpädagogen, Logopäden usw. Die Familienferne ist jedenfalls imponierend. Möglicherweise ist diese systematische Unterbelichtung auch eine Folge der verbreiteten Kinderlosigkeit in Politik und Medien, deren Anteile bei über 50 bis 70 Prozent liegen sollen.[56]

Es ist auch fatal. Denn die meisten Fachleute des Kindeswohls warnen mit beachtlichen Gründen vor schlimmen Kollateralschäden des Konzepts. Dabei passen die Befunde vieler soziologischer Studien und die komplementären Ergebnisse der Kinderpsychologie zusammen wie Nut und Feder. Steigende Müttererwerbstätigkeit, melden Erstere, ginge einher mit zunehmender Flexibilisierung der Arbeitszeiten, beruflicher Mobilität und steigenden Verfügbarkeitserwartungen. Lebensläufe der Eltern würden dynamischer, Kinder erlebten verschiedene Lebensformen und häufigere Wechsel von Famili-

---

[56] Der Mainzer Physikprofessor Herrmann Adrian, der sich über mehr als ein Jahrzehnt intensiv mit Fragen der Demografie und Familienpolitik befasst hat, ermittelte bei den Abgeordneten des Bundestags eine Kinderlosenquote von über 40 Prozent. Und Jürgen Liminski, Redakteur des Deutschlandfunks, beziffert in seinem Buch *Die verratene Familie. Politik ohne Zukunft*, Augsburg 2007, S. 40, diese Quote bei Medienschaffenden unter Bezugnahme auf den Familienforscher Hans Bertram mit »etwa 70 Prozent« – mit der Folge fehlender Wahrnehmungs- und Verständnismöglichkeiten bei Familienfragen.

enformen sowie eine zunehmende Fragilität der elterlichen Beziehungen. Erwerbsarbeit entstandardisiere sich, und die Grenzen zwischen Arbeit und Leben verschwömmen. Herstellung von Familie werde angesichts entgrenzter Erwerbsbedingungen komplexer, weil unzuverlässiger und unplanbarer; Folgen für Kinder seien mangelnde Verlässlichkeit gemeinsamer Zeiten und Abwesenheit des mobilen Elternteils, ferner gehetzte Eltern ohne Energie sowie ein vermehrtes Armutsrisiko. Jeder, der nach 21 Uhr, teils sogar bis Mitternacht, noch seine Shoppingtour unternimmt, weiß, wovon hier die Rede ist.

Fragt man hierzu die Bindungsforscher, so betonen sie nahezu einhellig, dass die Realitäten der frühkindlichen Fremdbetreuung vor allem in Deutschland zumeist weit von den Standards entfernt sind, die mit Rücksicht auf das Kindeswohl zu verlangen seien. Die Ergebnisse einer vergleichenden Untersuchung der OECD-Standards zeigten vielmehr, dass die deutschen Richtlinien unter denen des europäischen Durchschnitts lägen und deutlich schlechter seien als die von weltweiten Expertengruppen für eine gute Qualität geforderten notwendigen Mindeststandards zum Beispiel bezüglich Personalschlüssel, Gruppengröße oder Ausbildungsstand der Erzieherinnen. Hier klafften – gerade auch im Zusammenhang mit dem Ausbau der Plätze für Kinder unter drei

Jahren – Anspruch und Wirklichkeit immer mehr auseinander. Eine Ganztagsbetreuung sei selbst bei einem Schulkind nur bei bester Qualität der außerfamiliären Betreuung vertretbar, es müsse noch genügend Zeit und Kraft für die Eltern-Kind-Beziehung bleiben (sowohl von dem berufstätigen Elternteil als auch vom Kind aus gesehen). Die Familie stelle die wichtigste Ressource für die kindliche Entwicklung dar.[57]

Übergewichtig, asthmatisch, verkalkt und depressiv: Unsere Zukunft?

Vor diesem Hintergrund sind nun die Forschungsergebnisse der jungen Wissenschaften der Hirnforschung und der Epigenetik alarmie-

---

[57] So stellvertretend für viele die Leiterin des Staatsinstituts für Frühpädagogik, München, Fabienne Becker-Stoll: »Kindeswohl und Fremdbetreuung«, in *Zeitschrift für das gesamte Familienrecht*, 2/2010, S. 77 ff. (80); siehe auch BT-Drucksache 17/714 vom 15. Februar 2010; BT-Drucksache 17/6967 vom 9. September 2011. Zuletzt belegte die große sogenannte NUBBEK-Studie den vollkommen unbefriedigenden Zustand frühkindlicher Betreuung: W. Tietze, F. Becker-Stoll, J. Bensel, A. G. Eckhardt, G. Haug-Schnabel, B. Kalicki, H. Keller und B. Leyendecker (Hg.): *Nationale Untersuchung zur Bildung, Betreuung und Erziehung in der frühen Kindheit*, Berlin 2012. Der Vorschlag, die durch die Insolvenz der Drogeriekette arbeitslos gewordenen »Schlecker-Frauen« doch als ErzieherInnen einzusetzen, illustriert die Ignoranz ebenfalls.

rend, die nahelegen, dass die Verbindung zwischen materiellen und geistigen Prozessen, zwischen außen und innen, zwischen Erlebnissen und Krankheit viel unmittelbarer funktioniert, als wir uns das bisher je vorstellen konnten.[58] So gäbe es inzwischen handfeste Beweise dafür, dass emotional verletzte (weil zum Beispiel abgewiesene) Kinder oft nicht nur als erwachsene Personen ein erhöhtes Krankheitsrisiko hätten, sondern ihre unverarbeiteten Konflikte auch in ihre Partnerbeziehung und ins Berufsfeld übertrügen. In Umrissen würde sich sogar abzeichnen, dass selbst kulturelle Einflüsse und Erfahrungen biologisch vererbt würden. Die Forscher trügen neuerdings Schritt für Schritt Hinweise zusammen, die den Verdacht des Übertritts erfahrener Lebensumstände in das Erbgut erhärten. Sie zeigten, dass die Erlebnisse in früher Kindheit, zum Beispiel Vernachlässigung oder Missbrauch, Gene im Gehirn der Kleinen markieren, diese Markierung bleibe und hinterlasse signifikante Krankheitsrisiken. Inzwischen lerne man auch,

---

[58] Zum Folgenden siehe Gerald Hüther: *Die Macht der inneren Bilder*, Göttingen 2004; Ronald Grossarth-Maticek: *Synergetische Präventivmedizin*, Göttingen 2008 (siehe auch www.grossarth-maticek.de/ bzw. http://de. wikipedia.org/wiki/Ronald_Grossarth-Maticek). Eine brillante Zusammenfassung findet sich bei Jörg Blech: »Bruch des bösen Zaubers«, www.spiegel.de/spiegel/ a-569871.html.

welche neurogenetischen Vorgänge hier am Werk sind, dass nämlich die chemische Markierung bestimmter Gene offenbar das Scharnier ist, über das die Umwelt auf die Erbanlagen einwirkt; besonders signifikant sei das vor allem bis zum dritten Lebensjahr. Chronischer Stress in dieser kritischen Phase könne Gene regelrecht umprogrammieren. Im späteren Leben könne das fatale Folgen haben: Asthma zum Beispiel oder Fettsucht, Arterienverkalkung und Depression. Das Dogma der Biologie, dass nur zufällige Mutationen der DNA neue Merkmale in nachfolgenden Generationen hervorbringen können, sei jedenfalls obsolet.

Wird unsere Zukunft also übergewichtig, asthmatisch, verkalkt und depressiv? Überraschend wäre es nach diesen Ergebnissen jedenfalls nicht. Unter Fachleuten ist man sich einig in der Beobachtung, dass trotz des Geburtenrückgangs die Fallzahlen von Problemkindern steigen; auch die Steigerung des Ritalin-Verbrauchs von 34 Kilo in 1993 auf 1800 Kilo in 2011 weist in diese Richtung. Sicher ist aber, dass uns die Familienarmut der letzten Jahrzehnte bereits schwer zu schaffen macht. Unter den öffentlichen Ausgaben wachsen die für die Jugendhilfe am verlässlichsten, obwohl an allen Ecken und Enden »auf Teufel komm raus« gekürzt wird. Sicher ist auch, dass die Probleme rasch weiterwachsen, deren Lösung immer mehr gesamtwirtschaftliche Ressourcen binden wird, die heute schon und für die neuen Herausforderungen erst recht fehlen. Je schneller der soziale Wandel sich vollzieht, je komplexer die Gesellschaft wird und je kompetenter deshalb die Zukunftsträger sein müssen, desto schwerer wird zugleich ihre Heranbildung.

Doppelte Kinderarmut, Alterung und Sozialstaat

Durch die Familienarmut und die fehlenden Bildungsanstrengungen wird das »Humanvermögen«, dem für die wirtschaftliche, die soziale, die kulturelle und die wissenschaftliche Qualität der Gesellschaft grundlegende Bedeutung zukommt, nachhaltig beschädigt. Parallel dazu altert die Bevölkerung Deutschlands trotz hoher Zuwanderungszahlen. Seit kurzem schrumpft sie. Der Verlust an Innovationsfähigkeit und der als Produktivkraft eigener Art angesehenen Risikobereitschaft wird immens. Während die sozialen Belastungen durch die Alterung und die notwendigen Integrationsanstrengungen wachsen, verliert die Wirtschaft an Dynamik. Die rapide Verschärfung gesellschaftlicher Verteilungskonflikte ist damit programmiert, und es ist zu erwarten, dass Familien erneut die Verlierer sein werden.

Angesichts dieser Fakten mutet die Debatte über die demografische Entwicklung hierzulande durch meinungsführende Eliten mitunter bizarr an. So hieß selbst ein informierter Zeitgenosse wie Albrecht Müller, der kluge Chefstratege der deutschen Sozialdemokraten in den siebziger Jahren und später Gründer der unverzichtbaren »www.Nachdenkseiten.de«, den Geburtenrückgang in einem Streitgespräch mit dem international bekannten Bevölkerungswissenschaftler Herwig Birg in der FAZ mit der These willkommen, dieser erleichtere ja die aus Jugend- und Altenquote zu errechnende Gesamtlast; die Alterung fände im Übrigen schon seit 150 Jahren statt und sei von steigendem Wohlstand begleitet worden. Dass hier ein gelernter Volkswirt die »Investitionsquote« (Jugend) quasi mit der »Konsumquote« (Alte) mit dem Ergebnis gleichsetzt, dass uns auch eine Geburtenrate null helfen würde, ist – wie im vorigen Kapitel bereits erörtert – angesichts der Blindheit seiner Zunft nicht überraschend. Aber dass er die einfache Tatsache übersehen hat, dass die kollektive Alterung der zurückliegenden 150 Jahre von der nun vor uns liegenden Epoche himmelweit verschieden ist, lässt staunen. Denn die Alterung der Vergangenheit beruhte vor allem auf den großen

Erfolgen im Kampf gegen Kinder- und Mütter-
sterblichkeit und ließ den Anteil der Erwerbsfähigen stetig steigen. Diese Epoche ist nun vorbei;
der Anteil des Erwerbspotenzials schrumpft stetig. Bizarr auch die These der vormaligen SPD-
Bundestagsabgeordneten Sigrid Skarpelis-Sperk,
ebenfalls gelernte Volkswirtin, welche die kollektive Alterung gar als »*Segen für den Arbeitsmarkt*«
begrüßte, »*weil die Alten schon in wenigen Jahren
der größte Arbeitgeber im Land sein werden*«. In
armen Ländern würden Kinder die Alten ernäh-
ren, in reichen aber die Alten die Kinder und
Enkel finanzieren![59] Dass die Alten nur vom laufenden Volkseinkommen leben, das ausnahmslos
der Produktivität der Nachwuchsgeneration entstammt, so weit dachte sie offensichtlich nicht.

Letztlich gründet die Zuversicht von Müller
& Co. auf der Annahme, die demografischen
Konsequenzen seien wegen des Produktivitäts-
fortschritts ohne weiteres beherrschbar, denn bei
einem Produktivitätsanstieg von 1,5 Prozent pro
Jahr würden sich die Pro-Kopf-Einkommen bis
zum Jahr 2050 verdoppeln, während der Altenanteil lediglich um ein Drittel zunehme. Sie beruht allerdings auf einer fundamentalen Fehlein-
schätzung. Zum einen wird nämlich die einfache

---

[59] Sigrid Skarpelis-Sperk: »Arbeit und Wirtschaft im demographischen Wandel«, in Hans-Ulrich Klose (Hg.):
Altern der Gesellschaft, Köln 1993, S. 67.

Tatsache übersehen, dass der technische Fortschritt kein Naturgesetz ist, sondern das Endprodukt einer Produktionskette, die in den Familien mit der Erziehung lernfähiger Kinder beginnt; dass es daran fundamental hapert, wurde soeben dargelegt. Darüber hinaus fallen Müller & Co. aber auch einem kapitalen Rechenfehler zum Opfer, wie der Bevölkerungswissenschaftler Birg betont: Zwar würde sich das Pro-Kopf-Einkommen rein rechnerisch bis 2050 verdoppeln, wenn es gelänge, die Rate der gegenwärtigen Produktivitätssteigerung von 1,5 Prozent jährlich bis dahin durchzuhalten (wofür angesichts der seit langem rückläufigen Produktivitätsentwicklung aber fast nichts spricht), nicht aber das Bruttoinlandsprodukt. Denn dieses steigt wegen der Schrumpfung des Erwerbspersonenpotenzials der zwanzig- bis sechzigjährigen Steuer- und Beitragszahler um lediglich ein Drittel; bis zum Jahr 2050 dürfte die Zahl der Erwerbstätigen um etwa sechzehn Millionen gesunken sein. Gleichzeitig nimmt die Zahl der über Sechzigjährigen um zehn Millionen zu, zu deren Versorgung ein wesentlich höherer Anteil des Volkseinkommens aufgebracht werden muss als heute.[60]

Wer die kollektive Alterung, für die übrigens zu 70 Prozent der wachsende Anteil von lebens-

---

[60] Herwig Birg: *Die ausgefallene Generation*, München 2005, S. 116 f.

langer Kinderlosigkeit und nur zu etwa 30 Prozent die Verlängerung der Lebenserwartung (»Mortalität«) ursächlich ist, nicht ernst nimmt, macht also einen verhängnisvollen Denkfehler. Dass seitens der Bundesregierung im neugegründeten »Forum Demographischer Wandel« nun die Betonung auf die *Chancen der demographischen Entwicklung* – weniger Frühverrentung, bessere Vereinbarkeit von Beruf und Familie und Entspannung auf dem Arbeitsmarkt – gelegt wird, ist ein solcher, den der Doyen der deutschen Bevölkerungsforschung Herwig Birg mit dem trockenen Satz kommentiert: »... *nach dieser Logik könnte man auch das Flächenbombardement im Zweiten Weltkrieg als Chance für den Wiederaufbau ansehen.*«[61] Er weist darauf hin, dass in einigen Bundesländern wie zum Beispiel Sachsen-Anhalt die für die Wirtschaft entscheidende Bevölkerungsgruppe der Zwanzig- bis Fünfzigjährigen schon bis 2025 um 40 Prozent zurückgeht und der demografische Sinkflug danach in einen immer riskanteren Sturzflug übergeht. Der lasse sich auch nicht anhalten, denn die seit Jahrzehnten nicht geborenen Eltern könnten auch bei den revolutionärsten familienpolitischen Neuerungen keine Kinder zur Welt bringen. Zum Ungleichgewicht zwischen den

---

[61] In einem Streitgespräch in *ideaSpektrum*, 15/2013.

Generationen und zwischen Eltern und Kinderlosen komme so das Ungleichgewicht zwischen den Verliererregionen und Gewinnerregionen in den Metropolen noch hinzu. Wolle man das demografische Strukturmanko durch Zuwanderung ausgleichen, um das Verhältnis von Alt und Jung auf heutigem Niveau zu halten, so brauchten wir nach Berechnungen der Vereinten Nationen dafür jährlich mehr als drei Millionen Einwanderer und lebten am Ende über 200 Millionen Menschen im Bundesgebiet. Ob sich unter den vielen Migranten dann die Hochqualifizierten befinden, auf die der Hightech-Standort Deutschland angewiesen ist, erscheint seit den Erfahrungen, die Rot-Grün 1999 bis 2001 mit der Greencard-Regelung gemacht hat, im Übrigen mehr als fraglich. Denn erwartet wurden 100 000 Zuwanderer, gekommen sind aber nur etwa 10 000, und nur ein Bruchteil von ihnen soll dauerhaft geblieben sein. Deutschland ist für die Besten offenbar nicht mehr attraktiv. Sie machen einen Bogen um das Land oder wandern aus, wie das laut Migrationsbericht 2010 bei unseren eigenen Jungakademikern in Massen der Fall ist.

Unbestritten ist jedenfalls, dass mit dem Nachwuchs auch die für die Steigerung der Produktivität entscheidende Innovationsfähigkeit schwindet, während Urteilsfähigkeit als Charakteristikum der Altersintelligenz mit dem steigenden Anteil der Senioren zunimmt. Vielleicht muss man sich das so vorstellen, als ob vier junge Fußballspieler mit fünf älteren Schiedsrichtern auf dem Platz stehen. Spaß macht so ein Spiel wohl keinem, schon gar nicht, wenn auch noch mehrere Bälle und noch weitere Torgehäuse mit im Spiel sind. Unbestritten ist nämlich auch, dass nicht nur die Rentenlast, sondern die Pflege- und Gesundheitslasten sogar noch rascher wachsen. Zwar wäre dieses Problem im richtig verstandenen »Generationenvertrag«, so wie ihn die Gründerväter des Sozialstaats mit der Rentenreform 1957 in Kraft setzen wollten, ohne weiteres lösbar, denn *»seine Alten im Einklang mit der Lebenshaltung der Jungen zu unterhalten, das kann jedes Volk, auch ein in schlechter wirtschaftlicher Lage befindliches«,* betonte Oswald von Nell-Breuning immer wieder, *»das ist kein Problem des Könnens, sondern des Wollens.«*[62] Für diesen verantwortlichen Umgang miteinander ist aber die Einsicht in die Gegebenheiten des Generationenvertrages die zwingende Voraussetzung. Sie fehlt, weil Politik und Gesetzgeber zum einen durch die missbräuchliche Verwendung der Versicherungsterminologie

---

[62] Oswald von Nell-Breuning: »Die Alterssicherung hängt in der Luft«, Gespräch mit Jürgen Borchert, *Zeitschrift für Sozialreform*, 1986, S. 205 ff.

die Einsicht in die tatsächlichen Verhältnisse des »Generationenvertrages« systematisch verhindern und zum anderen große Teile der Nachwuchsgeneration miserabel behandeln.

So werden wir im Jahr 2030 unter Fortschreibung der Verhältnisse der letzten Jahre nun wahrscheinlich Folgendes erleben: Die noch lebenden rund 1 250 000 Geborenen des Jahrgangs 1965 gehen in den Ruhestand, gleichzeitig kommen die etwa 650 000 Geborenen des Jahrgangs 2010 in das Erwerbsalter. Von ihnen wandern die Besten, circa 100 000 »High Potentials«, aber aus, und ein Viertel der Kinder – circa 170 000 – beherrscht die für die Teilnahme am Arbeitsleben notwendigen Kulturtechniken nicht ausreichend, sie müssen also mitversorgt werden. Dann stehen somit rund 1,4 Millionen neue Versorgungsempfänger kümmerlichen 380 000 Arbeitsmarkteinsteigern gegenüber. Bei diesem Spiel, so viel ist sicher, wird es keinen Gewinner, sondern nur Verlierer geben.

Die Spiegel-Ente vom »200-Milliarden-Irrtum« oder Wie der Staat den Familien die Sau vom Hof klaut und drei Koteletts zurückbringt

Nach allgemeiner Ansicht kann die Ursache des Desasters der doppelten Kinderarmut jedenfalls nicht in einem unzureichenden Familienlastenausgleich gesehen werden. Dass dieser im Gegenteil viel zu üppig ausgestattet sei, war das Fazit einer Titelgeschichte im *Spiegel* vom 4. Februar 2013 – Cover: »Das Sorgenkind – Deutschlands gescheiterte Familienpolitik«. Unter der Überschrift »Der 200-Milliarden-Irrtum« berichtet das Blatt über einen internen Zwischenbericht einer Forschergruppe aus Sozialwissenschaftlern und Ministerialbeamten aus dem Bundesfamilien- sowie Finanzministerium unter der Regie der Basler Prognos AG. Das Papier, heißt es, beinhalte nicht nur Sprengstoff für den bevorstehenden Wahlkampf, sondern sei auch eine Generalabrechnung mit sechzig Jahren bundesdeutscher Familienpolitik. Im internationalen Vergleich nehme Deutschland bei den Ausgaben für Familien zwar einen der vorderen Plätze ein, rangiere bei der Geburtenrate allerdings als Schlusslicht. Ausgerechnet die teuersten Leistungen – Ehegattensplitting, beitragsfreie Mitversicherung in der Krankenkasse, Kindergeld – brächten nach den Analysen der Wissenschaftler die geringsten Resultate. Etwa 200 Milliarden Euro pro Jahr würden unter über 160 Fördertopf-Adressen – *»genau wisse man es leider nicht«* – an die Familien ausgeschüttet. Aufgelistet werden an ehebezogenen Leistungen vor allem die Witwen- und Witwerrente im Umfang von 38,1 Milliarden Euro sowie das Ehegattensplitting mit 19,8 Milliarden Euro, bei steuerlichen Maßnahmen sodann das Kindergeld mit einem Volumen von 38,8 Milliarden Euro, schließlich die beitragsfreie Mitversicherung in der Kranken- und Pflegeversicherung mit 21,7 Milliarden Euro sowie noch 11,6 Milliarden Euro an Bundesbeiträgen für Kindererziehungszeiten in der Rentenversicherung.

Das zustimmende Echo auf diesen Artikel war beispiellos, und das Thema beschäftigte wochenlang Talkshows sowie politische Debatten. SPD-Kanzlerkandidat Steinbrück nahm den Artikel für bare Münze und versicherte, sich des Problems als Kanzler umgehend anzunehmen. Will man ihm eine Falle stellen, wird er hineintappen? Denn diese Wahlkampfmunition ist ein Sortiment von gemeingefährlichen Rohrkrepierern.

Um nicht missverstanden zu werden: Dass sechzig Jahre Familien- und Sozialpolitik ein einziges Desaster angerichtet haben, ist angesichts der Katastrophe der doppelten Kinderarmut unbestreitbar. Das wusste Roland Koch ebenfalls schon 2002 und verwies auf den Schreiber-Plan von 1955 (siehe dazu Kapitel 1), der vom Wissenschaftlichen Beirat des Familienministeriums im Sommer 2001 wiederbelebt worden war – Zitat: »*Was wir brauchen, ist ein beispielloser familienpolitischer Kraftakt. Er setzt allerdings Selbstkritik der Politik voraus. Denn als man nach dem 2. Weltkrieg in Deutschland über eine Reform des Sozialsystems nachdachte, wiesen weitsichtige Wissenschaftler die Politik darauf hin, dass in einer Marktwirtschaft stets der Einzelne im Vorteil sei; deshalb sei eine familienpolitische Korrektur dieser ›individualistischen Engführung‹ durch das Steuer- und Sozialrecht die Großaufgabe für die Gesellschaftspolitik. Eine Politik der kleinen Mittel würde hoffnungslos verpuffen. Die Politik wollte das nicht zur Kenntnis nehmen. Im Juni 2001 hat der Wissenschaftliche Beirat beim Bundesfamilienministerium den Vorschlag für eine Fundamentalreform des Familienlastenausgleichs gemacht, der diese Vorstellungen originalgetreu wiederaufleben lässt. Schärfer können 50 Jahre bundesdeutscher Familienpolitik kaum kritisiert werden.«*[63]

Aber eine Diagnose der Ursachen der familienpolitischen Misere als Grundlage einer Therapie setzt immer eine sorgfältige Befunderhebung und Anamnese voraus, daran fehlt es beim *Spiegel* und seinen Gewährsleuten aus der Prognos AG vollständig. Für ein Blatt, das in der Vergangenheit viel auf seine Recherchequalitäten gesetzt hat, ist der Bericht genau besehen sogar ein Desaster. Beispielsweise wären in dgd online, der Online-Publikation der Deutschen Gesellschaft für Demographie e. V., Hinweise auf Studien Bremer und Münchner Wissenschaftler[64] und der Beitrag des Mainzer Physikers Hermann Adrian[65] aufzustöbern gewesen, in denen die Fragen durch diese Sachverständigen total konträr zu den Ergebnissen des *Spiegels* beantwortet werden: Sie konstatieren nämlich Benachteiligungen von Familien in astronomischen Größenordnungen! Mindestens hätten die *Spiegel-*

---

[63] Roland Koch: a.a.O. (Fn. 53), S. 12 ff.

[64] W. Schmähl, H. Rothgang und H. Viebrock: »Berücksichtigung von Familienleistungen in der Alterssicherung«, *DRV Schriften*, Band 65, April 2006; M. Werding und H. Hofmann: *Die fiskalische Bilanz eines Kindes im deutschen Steuer- und Sozialsystem*, ifo-Institut, München (November 2005).

[65] Hermann Adrian: »Die ökonomischen Ursachen der niedrigen Fertilität in Deutschland (und anderen Ländern)«, dgd online 1/2013, S. 10 ff.

Leute sich aber einmal die Entscheidungen des Bundesverfassungsgerichts zur Behandlung der Familien im Steuer- und Sozialrecht ansehen müssen, in denen diese Fragen nach intensiven streitigen Verfahren sowie unter Hinzuziehung von Sachverstand völlig anders beurteilt wurden. Sie hätten dann ihre vom Steuerzahler teuer bezahlten Studien dem Papierkorb anvertrauen müssen, statt sie an die große Glocke zu hängen. Eigentlich ein Fall für den Rechnungshof.

Wer beglückt wen bei den teuren Hinterbliebenenrenten?

Im »Trümmerfrauenurteil« des Bundesverfassungsgerichts vom 7. Juli 1992 geht es um die Schande, dass die neunfache Mutter Rosa Rees mit einer Altersrente von 360 DM abgespeist wurde. Das war seinerzeit nicht einmal die Hälfte des damaligen Sozialhilfeanspruchs, den sie gehabt hätte. Ihre neun Kinder, die allesamt in berufliche Spitzenpositionen aufgestiegen waren, zahlten (einschließlich des vorenthaltenen Lohns in Gestalt der Arbeitgeberbeiträge) Monat für Monat aber Höchstbeiträge an die Rentenversicherung in der Größenordnung von mehr als dem Zwanzigfachen der Rente ihrer Mutter. Dieses Geld floss somit auf die Konten x-beliebiger Fremder. Das fand Frau Rees ungerecht – und das Bundesverfassungsgericht nach einer erschöpfenden Prüfung des Transferdschungels der Steuer- und Sozialsysteme auch. Im Urteil ist dazu unter anderem Folgendes zu lesen: »*Die Benachteiligung von Familien, in denen ein Elternteil sich der Kindererziehung widmet, wird weder durch staatliche Leistungen noch auf andere Weise ausgeglichen … Die Alterssicherung, die vor Einführung der Rentenversicherung von den eigenen Kindern gewährleistet wurde, ist gerade infolge des Zwangsversicherungssystems erheblich vermindert. Die Pflicht zur Zahlung von Versicherungsbeiträgen beeinträchtigt die finanzielle Leistungsfähigkeit der Kinder. Geldmittel, die sie ohne den Beitragszwang zum Unterhalt ihrer nicht mehr erwerbstätigen Eltern aufbringen könnten, werden ihnen entzogen und auf die Solidargemeinschaft übergeleitet, die sie zur Rentenzahlung an die Versicherten insgesamt verwendet. Die Hinterbliebenenrente, die zu der Zeit, als Frauen typischerweise nicht im Erwerbsleben standen, einen gewissen Ausgleich für den durch Kindererziehung verursachten Verzicht auf eine eigene Altersversorgung verschaffte, hat diese Funktion weitgehend eingebüßt, seitdem die Berufstätigkeit beider Ehegatten zugenommen hat und die Zahl der Kinder zurückgegangen ist. Auch die verschiedenen Leistungen im Rahmen des Familienlastenausgleichs (Erziehungsgeld, Kinder-*

geld, Kinderfreibetrag, Ausbildungsförderung) machen die Einbußen, die Eltern gegenüber Kinderlosen in der Alterssicherung erleiden, nicht wett. Dasselbe gilt für die Regelungen über das ›Babyjahr‹ im Hinterbliebenenrenten- und Erziehungszeiten-Gesetz (HEZG) und im Kindererziehungsleistungs-Gesetz (KLG). Sie haben die Benachteiligung, die Familien trifft, ebenfalls nur in verhältnismäßig geringem Umfang ausgeglichen. Für die auf der Gesetzeslage beruhende Benachteiligung der Familie fehlt es angesichts der Förderungspflicht aus Art. 6 Abs. 1 GG, die den von Art. 3 Abs. 1 GG gelassenen Gestaltungsrahmen einengt, an einem zureichenden Grund ... Die festgestellten Nachteile haben ihre Wurzel nicht allein im Rentenrecht und brauchen folglich auch nicht nur dort behoben zu werden. Der von den Beschwerdeführerinnen in den Vordergrund gerückte Umstand, daß aufgrund der gegenwärtigen Rechtslage Transferleistungen von Familien mit mehreren Kindern an die ohnehin schon bessergestellten Familien mit einem Kind und die Kinderlosen stattfinden, betrifft nicht nur das Rentenrecht, sondern darüber hinaus den Familienlastenausgleich im Allgemeinen. Er erlaubt ... den Schluss, dass der Gesetzgeber den Schutzauftrag des Art. 6 Abs. 1 GG bisher nur unvollkommen erfüllt hat.«

Tatsächlich ist es in Deutschland also so, dass Familien riesige Lasten für Kinderlose schultern müssen: deren komplette soziale Altersvorsorge nämlich. Auf die Idee, in den Hinterbliebenenrenten eine staatliche Beglückung zu sehen, kann man hiernach jedenfalls nicht mehr kommen. Nachhakenswert wäre einzig die Frage, weshalb die Rees'schen Kinder auch an Hinterbliebene aus kinderlosen Ehen deren Renten zahlen sollen. Auf diese Idee kommen aber weder die Prognos-Leute noch die *Spiegel*-Redakteure. Damit erweist sich also gleich der erste und dickste Brocken, welchen die »wissenschaftliche Analyse« auflistet, auch als ebensolcher Fehler.

Kindergeld: Kein Geschenk, sondern Rückgabe von Diebesgut!

Für das mit 38,8 Milliarden Euro gelistete Kindergeld gilt sodann nichts anderes, denn dieses ist zu größten Teilen kein Geschenk, sondern die Rückgabe von Diebesgut. Um das zu begreifen, muss man sich freilich mindestens mit den gesetzlichen Grundlagen des Kindergeldes im Einkommensteuergesetz (EStG) vertraut machen; mit dem primitiven Addieren von Ziffern im Bundeshaushalt ist es nicht getan. Zugegebenermaßen ist das Verständnis nicht ganz einfach, weil der Gesetzgeber in Paragraf 31 Satz 2 EStG gleichzeitig eine Steuervergütungs- sowie eine

Subventionsfunktion geregelt hat. Auch hier bietet sich deshalb zum besseren Verständnis die Lektüre einschlägiger Karlsruher Entscheidungen an. In seinem Beschluss vom 25. Mai 1990 hat das Bundesverfassungsgericht nämlich festgestellt, dass das Existenzminimum der Bürger vom Zugriff der Einkommen- bzw. Lohnsteuer zu verschonen ist; da auch Kinder Bürger sind, ist folgerichtig das Existenzminimum der gesamten Familie insoweit steuerfrei zu halten. Das Bundesverfassungsgericht hat in jener Entscheidung dem Gesetzgeber allerdings gestattet, auf das Existenzminimum von Kindern dann zuzugreifen, wenn dieser Eingriff durch ein ausreichend hohes Kindergeld kompensiert wird. Das hat der Gesetzgeber, der ja aus Abgeordneten besteht, die wiedergewählt werden wollen, sich natürlich nicht zweimal sagen lassen, denn das Schenken von Kindergeld in Omnipotenz- und Spendierhosenpose ist den Wählern natürlich politisch ungleich angenehmer zu verkaufen als nur das bloße Nicht-Nehmen. Etwa zwei Drittel der von den sogenannten Wissenschaftlern aufgelisteten ominösen 38,8 Milliarden Euro Kindergeld entfallen auf diese Kompensation der eigentlich verfassungswidrigen Steuererhebung.

Wegen des restlichen Drittels schließlich empfiehlt sich die Lektüre des Karlsruher »Beamtenkinder«-Beschlusses vom 22. März

1990 2 (BvL 1/86) sowie des Nichtannahme-beschlusses zur Mehrwertsteuerbelastung von Familien vom 23. August 1999 (1 BvR 2164/98). In Ersterem ist nämlich zu lesen, dass die mit den höheren Aufwendungen für Kinder einhergehende stärkere indirekte Steuerbelastung durch das einheitliche Kindergeld nicht aufgefangen wird. Und in letzterem Beschluss, betreffend die Mehrwertsteuererhöhung von 1998, findet sich folgende einschlägige Passage: »*Die indirekte Besteuerung belastet Familien, die wegen ihres höheren Bedarfs mehr indirekt besteuerte Güter und Leistungen erwerben müssen, mehr als Kinderlose. Diese Belastung ist jedoch im Binnensystem der indirekten Steuern unvermeidlich und gesetzessystematisch folgerichtig. Sie muß aber eine diesen Belastungsfaktor kompensierende Entlastung bei der direkten Besteuerung, d. h. bei der Einkommensteuer zur Folge haben. Der Steuergesetzgeber hat deshalb stets darauf zu achten, daß eine Erhöhung indirekter Steuern und Abgaben den Lebensbedarf vermehrt und die existenzsichernden Abzüge diesem erhöhten Bedarf anzupassen sind.*«

Im Klartext: Bei jeder Erhöhung indirekter Steuern (gleich Verbrauchssteuern, zum Beispiel die Mehrwertsteuer) müssen die Steuerfreibeträge und/oder das Kindergeld ebenfalls erhöht werden. Unter Berücksichtigung der Tatsache, dass in den zurückliegenden Jahrzehnten die

Verbrauchssteuern vielfach erhöht wurden, ohne dass der Gesetzgeber die ihm aufgegebene Kompensation unmittelbar vornahm, sowie ferner der Tatsache, dass das Aufkommen aus Verbrauchssteuern mehr als die Hälfte der Gesamteinnahmen des Fiskus ausmacht, bleibt auch von dem üppigen Kindergeldgeschenk demnach so gut wie nichts übrig. Es reduziert sich nahezu in toto als Ablieferung der verfassungswidrigen Beute aus der Besteuerung des Kinderexistenzminimums.

»Beitragsfreie« Mitversicherung?
Der 21,7-Milliarden-Euro-Irrtum

Damit kommen wir zum dritten Posten, der sogenannten »beitragsfreien Mitversicherung«, über die Familien horrende 21,7 Milliarden Euro zugewendet würden. Auch hier erschließen sich bei näherer Betrachtung jedoch überraschende und ganz andere Einsichten als die, welche uns die »wissenschaftliche Analyse« nahebringen will. Dafür müssen wir den Sachverhalt, um den es geht, zunächst jedoch von seinen semantischen Verkleidungen befreien. Nach den einschlägigen Sozialgesetzen (hier die Paragrafen 10 SGB V und 25 SGB XI) sind Ehegatten und Kinder von Versicherten, die über keine eigenen versicherungspflichtigen Einkommen verfügen, ebenfalls versichert. Es handelt sich somit um unterhaltsberechtigte Angehörige, denen das bürgerliche Familienrecht den Anspruch auf den Teil des unterhaltspflichtigen Einkommens der Versicherten zuweist, der ihren jeweils schichtangemessenen Bedarf abdeckt. Da jedoch das vollständige Bruttoeinkommen der Versicherten bis zur sogenannten Beitragsbemessungsgrenze der Beitragspflicht unterliegt und »verbeitragt« wird, folgt hieraus zwingend, dass die Angehörigen der Versicherten entgegen der allgemeinen Darstellung sehr wohl eigene Beiträge leisten – nämlich diejenigen, die aus ihrem Unterhaltsanteil stammen. Dass hier mit niedrigeren Beiträgen dieselben Leistungsansprüche entstehen, ist Ausdruck des Solidarprinzips und gilt für ärmere Kinderlose, die ebenfalls trotz geringer Beiträge die gleichen Leistungen erhalten, ganz genauso, hat also mit Familie nichts zu tun.

Wer demnach meint, in der Krankenversicherung würden Kinderlose per saldo wenigstens einen beachtlichen Teil der Familienlasten mittragen, irrt sich ebenfalls, und zwar aus zwei Gründen: *Erstens* ist in aller Regel davon auszugehen, dass Kinderlose selbst in ihrer Kindheit der Regelung der Mitversicherung unterfielen und sie somit quasi nur den Kredit, den sie selbst erhalten haben, im Lebenslängsschnitt zurückzahlen. *Zweitens* erhalten die rund 20 Prozent kinderlosen Ruheständler in den heutigen Rentnerjahrgängen ihre gesamte Altersversorgung einschließlich der Gesundheitsleistungen von den Kindern anderer Leute; die Gesundheitskosten eines Ruheständlers vom Renteneintritt bis zum Tode sind jedoch rund zehnmal so hoch wie die eines Kindes von null bis zwanzig. Da von den Gesamtausgaben der gesetzlichen Krankenversicherung in Höhe von 184 Milliarden Euro (2012) rund die Hälfte auf Mitglieder im Ruhestand entfällt, von denen derzeit rund ein Fünftel keine Kinder großgezogen hat, lässt sich plausibel schätzen, dass heute bis zu 20 Milliarden Euro pro Jahr einem solchen Transfer von Kindern anderer Leute an kinderlose Ruheständler entstammt. Auch hier fließen also die Unterstützungsleistungen überraschenderweise nicht an die Familien, sondern Familien unterstützen per saldo und im Lebenslängsschnitt Kinderlose. Genauso wie vom Bundesverfassungsgericht 1992 im Trümmerfrauenurteil für die Rentenversicherung festgestellt, werden Eltern auch in der Krankenversicherung zu »positiven externen Effekten« zugunsten ihrer kinderlosen Jahrgangsteilnehmer gezwungen, nämlich durch ihre Kindererziehung auf Privatkosten für deren Gesundheitssicherung im Alter vorzusorgen. Im »Beitragskinderurteil« vom 3. April 2001 betref-

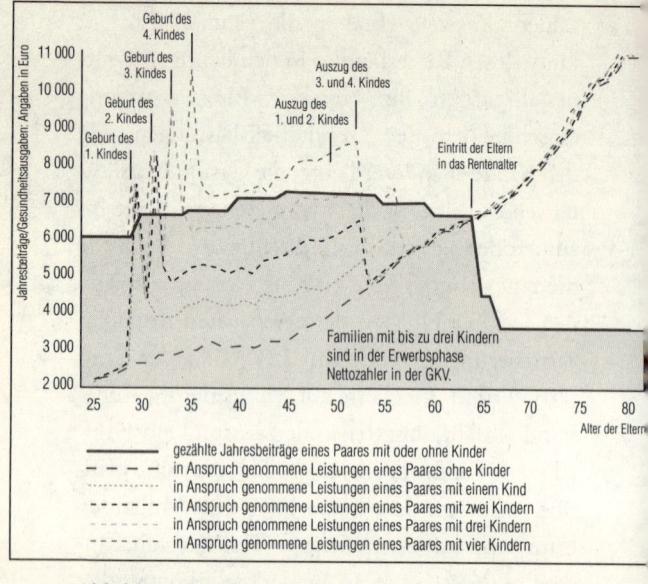

Abbildung 1: Durchschnittlich gezahlte Beiträge und in Anspruch genommene Gesundheitsleistungen eines Paares mit keinem bis vier Kindern[66]

fend diesen Sachverhalt bei der gesetzlichen Pflegeversicherung (GPflV) hat das Bundesverfassungsgericht folgerichtig die Gleichwertigkeit der Kindererziehung mit Geldbeiträgen erkannt

---

[66] Frank Niehaus: »Familienlastenausgleich in der Gesetzlichen Krankenversicherung?. Die ›beitragsfreie Mitversicherung‹ auf dem Prüfstand«, Untersuchung im Auftrag der Bertelsmann-Stiftung, 2013, www.bertelsmann-stiftung.de/cps/rde/xbcr/SID-31409C40-37193168/bst/xcms_bst_dms_37769__2.pdf.

und die Beitragsbelastung für Eltern in der Pflegeversicherung für verfassungswidrig erklärt. Seit dem 1. Januar 2005 werden Kinderlose deshalb zu einem geringfügig höheren Beitrag herangezogen. Den »Wink mit dem Zaunpfahl« des Gerichts, dass diese Feststellung für alle intergenerationell verteilenden Systeme (also auch die Renten-/Krankenversicherung) gelte und diese deshalb ebenfalls zu korrigieren seien, folgte der Gesetzgeber bisher nicht und missachtet fortlaufend das Grundrecht der Eltern auf intragenerationelle Gleichbehandlung.

Tatsächlich – und das dürfte für viele überraschend sein – zahlt die gewaltige Mehrheit der Familien mit bis zu drei Kindern mehr an Beiträgen in die Kassen ein, als sie an Leistungen in Anspruch nehmen. In Abbildung 1 ist das klar zu sehen.

Ehegattensplitting: Mickriger Effekt

Beim Ehegattensplitting entdeckten die »Forscher« Fehlverteilungen ebenfalls in astronomischer Höhe. Das ist ja heute schon fast Allgemeingut, auch bei den Grünen steht es im Wahlprogramm 2013 auf der Abschussliste. Was ist davon zu halten? Fast gar nichts. Das Ehegattensplitting berücksichtigt die Erwerbs- und Ver-

brauchsgemeinschaft der intakten Durch-
schnittsehe und ist nach verfassungsgerichtli-
cher Beurteilung keine Steuervergünstigung.
Beide Partner entscheiden gleichberechtigt nach
bürgerlichem Recht über die Verwendung des
gemeinsam erwirtschafteten Einkommens. Derselbe Rechtsgedanke liegt auch dem Versor-
gungsausgleich im Scheidungsfall zugrunde, den
im Gegensatz zum Ehegattensplitting niemand
in Frage stellt.

Mit der geltenden Regelung trug der Gesetzgeber einem Urteil des Bundesverfassungsgerichtes vom 17. Januar 1957 Rechnung, das die Vor-
läuferregelung für verfassungswidrig erklärte,
weil sie die Erwerbstätigkeit der Ehefrau behin-
derte. Zur Gleichberechtigung der Frau gehöre,
so das Bundesverfassungsgericht, »*dass sie die
Möglichkeit hat, mit gleichen rechtlichen Chancen
marktwirtschaftliches Einkommen zu erzielen wie
jeder männliche Staatsbürger*«.[67] Das Ehegattensplitting bewirkt, dass das Ehepaar so gestellt
wird, als ob jeder der beiden Partner genau die
Hälfte des gesamten zu versteuernden Einkommens erzielt hätte. Der Splittingvorteil nimmt
rasch ab, je mehr der andere Ehepartner zum
Einkommen beiträgt, und reduziert sich auf
null, wenn beide Ehepartner das gleiche Ein-

---

[67] BVerfGE 6, 55.

kommen erzielen. Falls der geringer verdienende Partner nur ein Zehntel des Gesamteinkommens bezieht, reduziert sich der »Splittingvorteil« nach Berechnungen des Deutschen Instituts für Wirtschaftsforschung bereits auf die Hälfte und bei einem 30-Prozent-Anteil auf nur noch ein Siebtel. Entgegen landläufiger Ansicht unterstützt das Ehegattensplitting also gerade die Vereinbarkeit von Familie und Beruf – so wie das Bundesverfassungsgericht es einst erwartet hatte. Da in über 90 Prozent der Ehen Kinder vorhanden sind[68] und obendrein die Erwerbsbeteiligung der Frauen in Deutschland rasant gestiegen ist, inzwischen nahe der Dänemarks liegt, und ferner der Grenzverlauf der Spitzensteuer drastisch gesenkt wurde, liegen die Einsparmöglichkeiten hier allenfalls bei einem Bruchteil der genannten 19,8 Milliarden Euro, schätzungsweise bei nicht einmal einem Fünftel oder noch weniger – jedenfalls wenn man nicht erneut einen verfassungswidrigen Zustand herstellen will. Gestützt wird diese Auffassung durch eine Publikation des Bundesfinanzministeriums (BMF) selbst. Denn in dessen Monatsbericht vom September 2005 heißt es unter der Überschrift »Das Splitting-

---

68 Statistisches Bundesamt: *Mikrozensus 2008 – Neue Daten zur Kinderlosigkeit in Deutschland. Ergänzende Tabellen zur Pressekonferenz am 29.7.2009 in Berlin*, Wiesbaden 2009, Tabelle 9.

Verfahren bei der Einkommensteuerveranlagung von Ehegatten« abschließend: »*Da jedes andere Verfahren zu vergleichbaren steuerlichen Belastungsergebnissen führen müsste, sind die Spielräume für Änderungen bei der Ehegattenbesteuerung wohl sehr eng.*« Nicht zu vergessen: Damals stand das BMF unter sozialdemokratischer Leitung (Hans Eichel).

Beiträge für Kindererziehungszeiten: Auf Hütchenspiel hereingefallen!

Was schließlich die Beiträge für Kindererziehungszeiten angeht, fallen Forscher und Journalisten auf ein Hütchenspiel des Gesetzgebers herein. Es beginnt damit, dass den genannten 11,6 Milliarden Euro an Bundeszuschüssen aus dem Mehrwertsteueraufkommen gegenwärtig lediglich 5,9 Milliarden Euro an Auszahlungen für Kindererziehungshonorierungen gegenüberstehen. Unter der unverdächtigen Etikette der Kindererziehung findet hier somit ein versteckter Bundeszuschuss zur allgemeinen Finanzierung der Renten statt. Für findige Recherchejournalisten müsste das eigentlich ein Leckerbissen sein. Unübersehbar ist vor unser aller Augen ein Chaos der Rentenfinanzierung entstanden: Beiträge der Versicherten, »normaler« Bundeszuschuss, »zusätzlicher« Bundeszuschuss aus dem Ertrag der Mehrwertsteuererhöhung, dito sodann aus der Ökosteuer, dazu nun noch ein »extra« Bundeszuschuss von 2,1 Milliarden DM für 1999 zur Stabilisierung des Beitragssatzes sowie schließlich die »Bundesbeiträge« für Kindererziehung. Eine an den grundgesetzlichen Leitlinien orientierte Gesetzgebung ist das längst nicht mehr.[69]

Welche Konsequenzen hat der auf 30 Prozent der Rentenausgaben zumarschierende Steueranteil für den von der herrschenden Meinung unterstellten »Versicherungscharakter«? Stellen sich infolge der Belastung rentenexterner Bevölkerungsgruppen nicht zahllose Gleichheitsfragen?[70] Immerhin sprach selbst der Sachverständigenrat schon von einer »schleichenden Konversion« der gesetzlichen Rentenversicherung. Hinzu kommt,

---

[69] Mit überzeugender Kritik an der Verfassungsrechtsprechung Bernd von Maydell und Robert Seegmüller: »Versicherungsfremde Leistungen in der Sozialversicherung. Rechtsgutachten für das Bayerische Staatsministerium für Arbeit und Sozialordnung, Familie, Frauen und Gesundheit«, München, Oktober 1996 (unveröffentlicht).

[70] Vgl. Otto Depenheuer: *Solidarität im Verfassungsstaat. Grundzüge einer normativen Theorie der Verteilung*, Habilitationsschrift, Bonn 1992, S. 321 ff.: *»Aus der Feststellung fehlender Gruppenhomogenität folgt nämlich die prinzipielle Illegitimität der Sozialversicherungslösung.«* Siehe dazu ferner Bernd Wegmann: *Transferverfassungsrechtliche Probleme der Sozialversicherung*, Frankfurt am Main 1987, insbesondere S. 148 ff.

dass diese Familienbeglückung in Form von »Anrechnung« der Erziehungszeiten aus dem Mehrwertsteueraufkommen kommt und damit überproportional von Familien selbst aufgebracht werden muss.

Drittens ist Kindererziehung nach der Karlsruher Rechtsprechung von 2001 selbst ein Beitrag zum System, weshalb es sich hier systemwidrig um Beiträge auf Beiträge handelt. Stellt man – *viertens* – die Valuta von 5,9 Milliarden den rund 200 Milliarden Euro an beitragsfinanzierten Rentenleistungen gegenüber, die zu 100 Prozent aus dem Produktionsertrag der Kindergeneration stammen, so sind das knapp 3 Prozent. Mütter haben mit der Kindererziehung den Löwenanteil für die Altersvorsorge ihrer Generation geleistet und erhalten 3 Prozent Honorierung: Ist das ein üppiges Geschenk? Nein, eine Schande. Und verfassungswidrig obendrein. Man fragt sich natürlich, weshalb der deutsche Feminismus zu dieser brutalen Behandlung der Mütter im durch und durch patriarchalischen Rentenrecht noch nie ein Wort verloren hat. Kapiert er die in der Abstraktion des Rechts und der »chrematistischen« Tauschwirtschaft verborgenen Mechanismen der Abwertung der Reproduktion nicht? Es muss doch ins Auge stechen, dass die Rente vieler Omas im Durchschnitt nicht einmal halb so hoch ist wie die durchschnittliche Männerrente und deutlich unter dem Niveau der Grundsicherung im Alter liegt: weil Kindererziehung ein Ehrenamt sei, Mütter in der Logik dieses Systems nichts leisteten und Kindererziehung nach der höchstrichterlichen Rechtsprechung des Bundessozialgerichts für das System sogar schädlich ist.[71]

Familienlastenausgleich: Frankreich Champions League, Deutschland Kreisklasse

Dass die Regierungspropaganda üppiger Familienleistungen sich nicht auf die eigenen Fakten stützen kann, kann ohne weiteres bereits in regierungsamtlichen Materialien studiert werden. So ist in dem im Frühjahr 2006 veröffentlichten *Siebten Familienbericht*[72] der Hinweis zu finden, dass sich die öffentlichen Ausgaben für Familien im Durchschnitt der EU auf einen Anteil am Bruttoinlandsprodukt (BIP) von 2,1 Prozent belaufen, dieser Wert für Deutschland aber nur bei 1,9 Prozent liegt,[73] während es für Frankreich 2,8 und in Dänemark gar 3,8 Prozent sind (vgl. Abbildung 2).

---

[71] Urteil vom 5. Juli 2006 – B 12 KR 20/03 R.
[72] Bundestagsdrucksache 16/1360.
[73] Ebenda, S. 38 f. und Abbildung II.11 sowie Tabelle II.4.

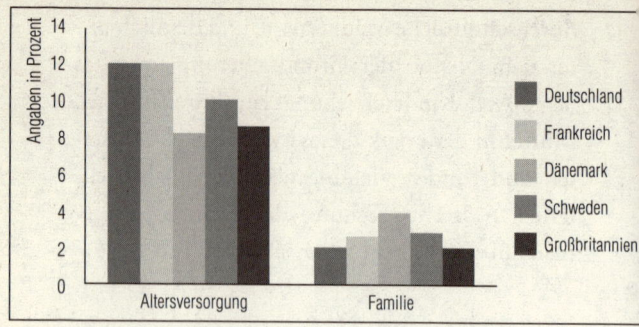

Abbildung 2: Öffentliche Ausgaben für Alter ./.
Familie – bezogen auf Bruttoinlandsprodukt (BIP)[74]

Selbst wenn Summen und Quoten inzwischen gestiegen sind, bedeutet das noch lange nicht, dass Deutschland im internationalen Vergleich substanziell besser dasteht. Ob die Familienleistungen in Deutschland nämlich international vergleichsweise hoch oder niedrig sind, lässt sich unter Berücksichtigung von Sinn und Zweck des Familienlastenausgleichs entgegen allgemeiner Ansicht keinesfalls (nur) an den Summen oder ihrem Anteil am BIP ablesen. Entscheidend ist für diese Beurteilung vielmehr der jeweilige Anteil Kinderloser an der Gesamtbevölkerung. In Italien liegt dieser Anteil zum Beispiel bei rund 15 Prozent; die Geburtenarmut dort ist auf einen besonders hohen Anteil von

[74] Quelle: Sachverständigenkommission *Siebter Familienbericht*, München 2005, S. 66.

Ein-Kind-Familien verteilt, was die Verteilungs-differenzen gering hält und den relativ niedrigen Anteil der Familienleistungen am BIP erklärt. Deutschland hat aber den weltweit mit Abstand höchsten Anteil Kinderloser an der Gesamtbe-völkerung (im Geburtsjahrgang 1960 über 20, ab 1965 über 25 Prozent), müsste also auch den weltweit höchsten Familienlastenausgleich auf-weisen, liegt so betrachtet aber nicht einmal im Mittelfeld. Frankreich mit seiner Kinderlosen-quote von knapp 10 Prozent und einem Famili-enlastenausgleich von 2,8 Prozent/BIP liegt da-mit weit vor Deutschland: Ein Abstand wie zwischen Champions League und Kreisklasse.[75]

Tatsächlich sind diese Unterschiede sogar noch größer. Denn Kinderlosigkeit ist in diesem Zusammenhang ja nicht biologisch (und erst recht nicht moralisch), sondern ausschließlich als der wirtschaftlich-soziale Sachverhalt der Ab-wesenheit von Unterhaltspflichten gegenüber Kindern zu verstehen. Deshalb müssen auch alle früheren Eltern, deren Kinder auf eigenen Bei-nen stehen, in die Betrachtung einbezogen werden. Bei ihnen allen sind nämlich Einkom-mensüberhänge infolge der Abwesenheit von Unterhaltspflichten anzutreffen, die Familien in allen Marktbereichen an den Rand drängen. In-

---

[75] Zur Kinderlosenquote im Einzelnen: *Siebter Familien-bericht*, a. a. O., S. 15 f. sowie Abbildung II. 1. und 2.

folge der im internationalen Vergleich relativ hohen Alterseinkünfte und dem hohen Altenanteil erweist sich der Familienlastenausgleich in Deutschland bei genauer Betrachtung deshalb als noch miserabler denn ohnehin.

Sau vom Hof, drei Koteletts zurück

Wer also wirklich wissen will, wie Familien hierzulande mitgespielt wird, kommt an der Lektüre der einschlägigen Entscheidungen aus Karlsruhe nicht vorbei. Sie sind nicht aus dem hohlen Bauch gesprochen worden, sondern das Ergebnis langer, intensiv geführter Streitverfahren, an denen mehrere Gerichtsinstanzen, die Bundesregierung bzw. ihre Ministerien, die Sozialversicherungen, Verbände und Sachverständige beteiligt waren. Das Resultat unter dem Strich ist die Feststellung, dass Familien in unserem Staat durch die Steuer- und Sozialsysteme infolge der Sozialisierung der Alterslasten bei Privatisierung der Kinderlasten regelrecht ausgebeutet werden. In der Fachwelt wird das unter dem Begriff der »Transferausbeutung« zusammengefasst. Der bereits erörterte Fall der Rosa Rees mit ihren tüchtigen neun Kindern und der Minirente macht das plastisch. Und dass Mütter inzwischen pro Kind drei Babyjahre im Wert von circa 85 Euro

»angerechnet« bekommen, beseitigt den Skandal nicht: Erstens betrifft dies nur Geburten ab 1992; bei einem Durchschnittsalter der Frauen bei der Geburt ihres Kindes von 31 Jahren und einem Renteneintrittsalter von 66 Jahren schlagen diese »Anrechnungen« frühestens ab dem Jahr 2027 nennenswert zu Buche. Bis dahin und darüber hinaus, sofern es die Rentenversicherung heutiger Prägung dann noch gibt, werden die Kinder weiterhin gezwungen, Monat für Monat im Durchschnitt ein Vielfaches der Babyjahre, im Laufe eines Arbeitslebens um die 250 000 Euro (einschließlich des vorenthaltenen Lohnes in Gestalt sogenannter Arbeitgeberbeiträge) auf die Konten anderer Leute einzuzahlen.

Unerfindlich ist, weshalb sich die vielen Millionen Mütter, die durch das deutsche Rentensystem um die Früchte ihrer »Investitionen in das Humankapital« geprellt werden, diesen Verfassungsskandal bieten lassen, nachdem der Gesetzgeber die Entscheidungen aus Karlsruhe wie Papierkorbmüll behandelt. Solange sie dies still erdulden, wird ihnen auch das Bundesverfassungsgericht kaum helfen können, obwohl der ehemalige Gerichts- und spätere Bundespräsident Roman Herzog, unter dessen Vorsitz das Trümmerfrauenurteil zustande kam, 1996 in einem Interview mit der Zeitschrift *Gesichertes Leben* dazu Folgendes ausführte: »*Es kann nicht* sein, dass ein Ehepaar – bei dem nur der eine ein Leben lang ein Gehalt oder einen Lohn erhält – Kinder aufzieht und am Ende nur eine Rente bekommt. Auf der anderen Seite verdienen zwei Ehepartner zwei Renten. Und die Kinder des Paares, das nur eine Rente bekommt, verdienen diese beiden Renten mit. Das ist ein glatter Verfassungsverstoß … Völlig klar war dem Bundesverfassungsgericht auch, dass man so eine Systemumorientierung nicht innerhalb von wenigen Jahren machen kann. Deswegen erging damals ein Auftrag an den Gesetzgeber: Ihr müsst jedes Mal, wenn ihr die Renten neu regelt, einen Schritt in die richtige Richtung tun. Auf dem Gebiet ist bisher noch nicht sehr viel passiert, aber man muss auf den Punkt aufpassen. Ich bin nicht mehr Präsident des Bundesverfassungsgerichts, aber es kann durchaus sein, dass ein Gericht, dessen Direktiven über längere Zeit nicht vollzogen werden, dann einmal das ganze System für nichtig erklärt.«[76]

Statt den Verfassungsauftrag zu erfüllen, hat der Gesetzgeber mit der Einrichtung der Pflegeversicherung im Jahr 1994 aber gleich den nächsten Verfassungsbruch begangen, den das Bundesverfassungsgericht dann mit dem »Beitragskinderurteil« vom 3. April 2001 (1 BvR 1681/94) dingfest machte. Das Gericht gab dem

---

[76] Roman Herzog in *Gesichertes Leben. Zeitschrift der LVA Baden*, 4/1996, S. 4.

Gesetzgeber darin zugleich dreieinhalb Jahre Zeit für die Korrekturen nicht nur in der Pflege-, sondern auch in der Kranken- und Rentenversicherung. Binnen Tagen nach dem Urteil erklärten sämtliche verantwortliche Ressorts sowie der Sozialbeirat jedoch, für Korrekturen bei der Kranken- und Rentenversicherung bestehe kein Anlass …

Fazit: Hier waren offenbar sogenannte »Wissenschaftler« am Werk, welche von den Verteilungswirkungen des Transfersystems und erst recht von dessen normativen Vorgaben aus dem Grundgesetz keine Ahnung haben. Und der *Spiegel* hat durch seine unkritische Weiterverbreitung dem deutschen Schundjournalismus ein Paradestück hinzugefügt.

Vor dem Hintergrund laufender und inzwischen weit gediehener Gerichtsverfahren zu diesem Komplex, die derzeit das Bundessozialgericht beschäftigen, ist vielmehr die Frage brisant: Wie lange noch wird der Gesetzgeber die Geduld des Bundesverfassungsgerichts auf die Probe stellen?

KAPITEL 4

»Primitiv und brutal«: Ungerechter geht nicht – Das kleine Einmaleins der staatlichen Umverteilung

Für eines ist der *Spiegel*-Bericht nach allem aber doch noch gut: Er ist der schlagende Beweis für die Intransparenz des ganzen Systems, aus der Fehlbeurteilungen und -entscheidungen zuhauf folgen. Die Forscher und ihnen folgend die Journalisten sind dem üblichen Kardinalfehler zum Opfer gefallen: dass man nämlich die Leistungsseite betrachtet, wo scheinbar das Geld hinfließt, statt zuerst zu fragen, wo und wie der Staat sich das Geld holt, das er so generös verteilt, und wie die jeweilige Abgabe den Adressaten des staatlichen Abgabenbefehls belastet.

Eine Umverteilung, die so funktioniert, dass der Staat die Gelder, die er den Leuten aus der linken Tasche zieht, in die rechte wieder hineinsteckt, bringt kinderleicht optisch imponierende Volumina zustande, der vertikale Umverteilungseffekt oder die angebliche Begünstigung einer speziellen Adressatengruppe erweist sich jedoch meist als Nullsummenspiel. Tatsächlich treffen bei der überwältigenden Mehrheit der Haushalte negative und positive Transfers zusammen, und sie sind gleichzeitig Steuer- und Beitragszahler wie Leistungsempfänger. Es ist deshalb vollkommen unklar, wer hierzulande genau wie viel netto erhält, wie sich also das Geben und Nehmen in den Privathaushalten saldiert. Nur bei Ruheständlern weiß man, dass ihnen letztlich jeder Euro von der aktiven Nachwuchsgeneration überwiesen wird, auch jene übrigens, die dann wieder als Beiträge in die Krankenkasse wandern.

Dieser durch und durch intransparente Zustand hat Tradition in Deutschland. Von Juli 1977 bis zum Jahresende 1980 hat die Transfer-Enquete-Kommission (TEK) sich mit diesen Fragen befasst und trotz eines riesigen Forschungsaufwands kaum Licht in den Transferdschungel bringen können; nur hinsichtlich der Rentner war das Ergebnis auch damals einigermaßen klar.[77] Der Verdacht, dass Umverteilung mit staatlichen Einnahmen erfolgt, die beim zah-

---

77 Transfer-Enquete-Kommission: *Das Transfersystem der Bundesrepublik Deutschland*, Bundesministerium für Arbeit und Sozialordnung 1981; Helmar Bley: »Sozialrecht und Transferökonomie. Zum Schlußbericht der Transfer-Enquete-Kommission ›Das Transfersystem in der Bundesrepublik Deutschland‹«, in *Die Sozialgerichtsbarkeit*, 12/1981, S. 457 ff.

lenden Bürger genau die Probleme schaffen, nämlich Einkommensnöte, die dann mit staatlichen Transfers behoben werden müssen, wurde nicht ausgeräumt. Solange aber die Instrumente nicht zum Zweck passen, wirkt das staatliche Geben und Nehmen wie der sinnlose Versuch, Wasser mit einem Sieb umverteilen zu wollen. Deshalb kann eine Umverteilung von oben nach unten dann auch nicht gelingen, wenn dafür Staatseinnahmen (Revenue) eingesetzt werden, die zuvor die unteren Einkommen härter belastet haben als die höheren. Seit dem frustrierenden Ergebnis der TEK ist das Transfersystem aber nicht übersichtlicher geworden, im Gegenteil.

Struktur der Staatseinnahmen

Um sich im Transferdschungel zu orientieren, ist es deshalb nötig, sich einen Überblick über die staatlichen Einnahmen insgesamt zu machen und sich sodann über ihre Belastungswirkung Rechenschaft abzulegen. Tabelle 1 zeigt, dass in Deutschland die staatlichen Einnahmen insgesamt bezogen auf das Bruttoinlandsprodukt (BIP) 44,5 Prozent ausmachten und sich im Einzelnen auf direkte Steuern (das sind 25,7 Prozent), indirekte Steuern (25,4 Prozent) sowie

Sozialbeiträge (37,8 Prozent) verteilten. Als
Kontrast bietet sich Dänemark an, wo kaum Sozialbeiträge anfallen und der Löwenanteil der
Revenue aus der Einkommensteuer mit einem
Spitzensteuersatz von 59 Prozent stammt.[78]

	2007		2011	
	In Prozent des nominalen BIP	In Prozent der staatlichen Einnahmen insgesamt	In Prozent des nominalen BIP	In Prozent der staatlichen Einnahmen insgesamt
Deutschland				
Einnahmen insgesamt	43,7	100,0	44,5	100,0
Direkte Steuern	12,1	27,6	11,4	25,7
Indirekte Steuern	10,9	25,0	11,3	25,4
Sozialbeiträge	16,5	37,7	16,9	37,8

[78] Die an 100 Prozent fehlenden Anteile sind im Wesentlichen die Einnahmen aus »Marktproduktion« (Krankenhäuser, Pflegeeinrichtungen etc.), »Gebühren und
sonstige Entgelte des Staates«, »Vermögenseinkommen«
(Zinserträge, Ausschüttungserträge, Gewinnentnahmen), »Vermögentransfers« (Erlöse aus Verkauf von
Staatsvermögen [Grundstücke], aber auch vermögenswirksame Steuern etc.) und die »laufende Transferverrechnung« (Transfers zwischen den Teilsektoren des
Staates). Dass die Abgrenzung im Einzelnen aber offensichtlich schwierig ist, belegt die Tatsache, dass die vom
Bundesfinanzministerium herausgegebene *Datensammlung zur Steuerpolitik* (Ausgabe 2012) für 2011 hinsichtlich der Steuern eine andere Verteilung ausweist; danach
überwiegen beim Fiskus nämlich die Einnahmen aus
indirekten Steuern (50,8 ./. 49,2 Prozent).

	2007		2011	
	In Prozent des nominalen BIP	In Prozent der staatlichen Einnahmen insgesamt	In Prozent des nominalen BIP	In Prozent der staatlichen Einnahmen insgesamt
USA				
Einnahmen insgesamt	34,1	100,0	31,6	100,0
Direkte Steuern	13,8	40,4	11,8	37,3
Indirekte Steuern	7,4	21,6	7,3	23,2
Sozialbeiträge	6,9	20,3	6,2	19,5
Frankreich				
Einnahmen insgesamt	49,9	100,0	50,8	100,0
Direkte Steuern	11,5	23,0	11,3	22,2
Indirekte Steuern	15,1	30,3	15,3	30,1
Sozialbeiträge	18,0	36,2	18,8	37,0
Dänemark				
Einnahmen insgesamt	55,6	100,0	55,7	100,0
Direkte Steuern	29,9	53,8	29,7	53,3
Indirekte Steuern	17,7	31,9	16,8	30,2
Sozialbeiträge	1,9	3,3	2,0	3,5
Österreich				
Einnahmen insgesamt	47,6	100,0	48,0	100,0
Direkte Steuern	13,3	28,0	13,0	27,0
Indirekte Steuern	13,9	29,3	14,3	29,8
Sozialbeiträge	15,7	32,9	16,2	33,7

Tabelle 1: Einnahmen des Staates in ausgew. Ländern[79]

---

[79] Quelle: Europäische Kommission/Eurostat (AMECO-database, Download 8. März 2013). In Abgrenzung der

Gerecht und ungerecht:
Direkte und indirekte Steuern

Bei den direkten Steuern sind im Jahr 2011 vor allem die Lohnsteuer mit 140 200 Millionen Euro (24,5 Prozent des Steueraufkommens) und die veranlagte Einkommensteuer mit 31 400 Millionen Euro (5,9 Prozent) die Steuern, die einen progressiven Tarif aufweisen, der mit wachsenden Einkommen ebenfalls steigt und somit der Steuerbemessung nach Leistungsfähigkeit, dem »obersten Gerechtigkeitsgrundsatz« des Abgabenrechts (Bundesverfassungsgericht), Rechnung tragen soll. Die wichtigsten Etappen des nominellen Spitzensteuersatzes zeigt die Aufstellung in Tabelle 2. Dass dies in der Steuerwirklichkeit daran scheitert, dass mit wachsenden Einkommen auch die Steuervermeidungsmöglichkeiten zunehmen, wurde vor allem durch die sogenannte Kirchhof-Kommission bekannt.

1948	95 Prozent (ab 250 000 DM)
1953	80 Prozent
1955	63,45 Prozent
1958	53 Prozent
1975	56 Prozent
1990	53 Prozent

volkswirtschaftlichen Gesamtrechnung (mitgeteilt von M. Schratzenstaller, A. Sutrich, Wien).

2000	51 Prozent
2001	48,5 Prozent
2004	45 Prozent
2005	42 Prozent (2013: ab 52 882 Euro)
2013	45 Prozent (»Reichensteuer« 2013: ab 250 731 Euro)

Tabelle 2: Entwicklung des Spitzensteuersatzes der Einkommensteuer (ohne Solidaritätszuschlag!)[80]

Diese nominalen Steuersätze sind freilich weit von der Steuerwirklichkeit entfernt, wie die Ergebnisse der Kirchhof-Kommission zeigen, dass nämlich ein Steuertarif von 15 bis 35 Prozent zur Deckung des fiskalischen Bedarfs ausreichen würde, wenn man die Fülle an Steuerprivilegien abschaffte und die Spitzeneinkommen ihn leisteten.[81] Erwähnenswert ist dabei, dass die Absenkung des Spitzensteuersatzes einherging mit der Absenkung des grenzsteuerpflichtigen Einkommens. Die Entwicklung der Tarifverläufe der effektiven Steuersätze 1990 bis 2013 bei zu versteuernden Einkommen von bis zu 280 000 Euro im Jahr ist in Abbildung 3 dargestellt. Es

---

[80] Quelle: Mitteilung des Hessischen Finanzministeriums an den Verfasser (2002); ferner Wikipedia »Einkommensteuer« (ab 1958); detailliert unter http://dip.bundestag-de/btd/13/081/1308162.asc

[81] *Karlsruher Entwurf zur Reform des Einkommensteuergesetzes*, Heidelberg 2001; grundlegend Joachim Lang: *Die einfache und gerechte Einkommensteuer*, Köln 1987.

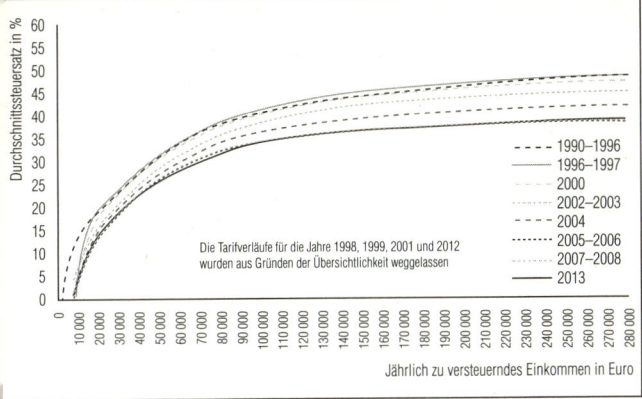

Die Tarifverläufe für die Jahre 1998, 1999, 2001 und 2012 wurden aus Gründen der Übersichtlichkeit weggelassen

- - - - 1990–1996
———— 1996–1997
········ 2000
········ 2002–2003
- - - - 2004
········ 2005–2006
········ 2007–2008
———— 2013

Jährlich zu versteuerndes Einkommen in Euro

Abbildung 3: Entwicklung der Durchschnittssteuer-sätze von 1990 bis 2013 im deutschen Einkommen-steuertarif[82]

zeigt sich, dass der Durchschnittssteuersatz im Jahr 2013 erst bei einem Einkommen von 280 000 Euro den Grenzsteuersatz von 40 Prozent erreicht.

Bei den indirekten (»Verbrauchs«-)Steuern dagegen verläuft die Belastungskurve spiegelbildlich verdreht. Die relativ höchste Belastung findet sich bei den niedrigsten Einkommen, weil der Verbrauchsanteil bei der Einkommensverwendung zwangsläufig umso höher wird, je

---

[82] Quelle: http://commons.wikimedia.org/wiki/File:ESt_ D_Historie_Durchschnittssteuersatz_1990_2013_280k Euro.svg.

niedriger die Einkommen sind. Die relative Steuerbelastung nimmt bei sinkenden Einkommen zu. Sie verläuft im Gegensatz zur Einkommensteuer »regressiv«, die Steuergerechtigkeit steht also kopf. Allerdings sorgt bei der wichtigsten Verbrauchssteuer, der Mehrwertsteuer, die Befreiung von Mieten sowie der auf 7 Prozent ermäßigte Steuersatz auf lebensnotwendige Bedarfe für eine Abmilderung der regressiven Wirkung; er beseitigt sie aber nicht.[83]

In den Steuertabellen des Bundesfinanzministeriums wird die Mehrwertsteuer als Umsatzsteuer mit 190 300 Millionen Euro bzw. einem Anteil an den fiskalischen Einnahmen von 33,3 Prozent ausgewiesen. Weitere bedeutende Verbrauchssteuern sind die Energiesteuer (2011: 40 250 Millionen Euro oder 7,0 Prozent), die Stromsteuer (7150 Millionen Euro oder 1,3 Prozent), die Versicherungssteuer (10 700 Millionen Euro oder 1,9 Prozent), die Kfz-Steuer (8450 Millionen Euro oder 1,5 Prozent) und die Tabaksteuer (13 800 Millionen Euro oder 2,4 Prozent). Daneben werden vierzehn noch weitere

---

[83] Da der Vergleich der Belastungswirkung am Maßstab des Grundgesetzes (Art. 3 Abs. 1 GG) logischerweise nur das verfügbare Einkommen oberhalb des Existenzminimums betreffen kann, ist diese Abmilderung insoweit nicht relevant; das wird in der Literatur oft übersehen.

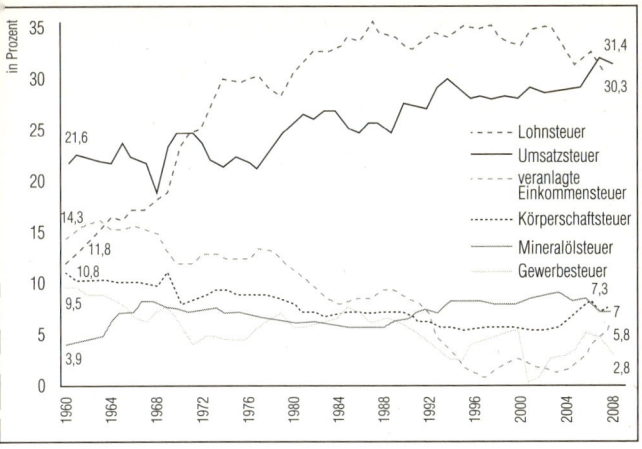

Abbildung 4: Steuerentwicklung in Prozent der Gesamtsteueraufkommen 1960 bis 2008[84]

Verbrauchssteuern gelistet, die aber nicht wesentlich ins Gewicht fallen. Verbrauchssteuern haben für die Politik den großen Vorzug, dass der Staat den Bürgern nicht mit einem Steuerbefehl gegenübertritt und -treten muss, gegen den sie sich bei den Gerichten bis nach Karlsruhe wehren können, sondern er sich in den Güterpreisen versteckt und den Bürgern von hinten ins Portemonnaie greifen kann.

---

[84] Bearbeitung: Dieter Eißel, Universität Gießen (eigene Berechnung nach Statistischem Bundesamt, Lohnsteuer vor Abzug von Kindergeld).

Staatstragend sind die »kleinen Leute«

Abbildung 4 zeigt nun, wie enorm sich die Steuerlast zu Lasten der Arbeitnehmer und Verbraucher verschoben hat – eine geradezu tektonische Verschiebung auf Kosten der Steuergerechtigkeit.

Lag das Aufkommen der Lohnsteuer, die nur Einkünfte aus nichtselbständiger Arbeit erfasst, anfangs noch deutlich unter der veranlagten Einkommensteuer für alle weiteren Einkunftsarten, liegt sie heute mit je rund 30 Prozent nahezu gleichauf mit den Umsatzsteuern. Die veranlagte Einkommensteuer dagegen fiel zwischenzeitlich fast gegen null. Daraus folgt als erstes Zwischenergebnis, dass die Hauptlast der finanziellen Staatsverantwortung ganz offensichtlich von den »kleinen Leuten« getragen wird. Kein Geringerer als Klaus Tipke, der große alte Mann der deutschen Steuerrechtswissenschaft, qualifizierte eine Steuerpolitik, welche die Spitzensteuer senkt und dafür die Verbrauchssteuern erhöht, schon vor zwanzig Jahren als »primitiv und brutal«. Treffender kann man die Steuerpolitik der letzten Jahrzehnte nicht charakterisieren.

Wie Solidarität ausgerechnet durch Solidarsysteme verhindert wird

Bei der auch als »Parafiskus« bezeichneten Sozialversicherung sieht es nicht nur nicht besser, sondern sogar noch schlimmer aus als beim Fiskus. Sie gilt als das Herzstück des Sozialstaats, und ihre Einzelsysteme Renten-, Kranken-, Pflege- und Arbeitslosenversicherung werden als »Solidarsysteme« bezeichnet. Unter den vier Quellen der Staatsfinanzierung – direkte und indirekte Steuern, Sozialbeiträge und öffentliche Kreditaufnahme – ist sie die mit Abstand größte. Im krassen Gegensatz zu ihrer Bezeichnung als »Solidarsysteme« steht indes ihre Verteilungswirkung. Denn die rund 400 Milliarden Euro an Beiträgen, die sie pro Jahr (2010) umsetzt, werden nicht etwa wie bei der Einkommensteuer nach einem progressiven, sondern wie eine »Flat Tax« nach einem linear-proportionalen Tarif auf Einkommen aus nichtselbständiger Arbeit erhoben. Dabei sorgen Beitragsbemessungsgrenzen, die in Ost und West sowie bei den einzelnen Sparten unterschiedlich sind, für einen regressiven Belastungsverlauf. Ausgerechnet bei den Lohn- und Gehaltsgrenzen, bei denen im Einkommensteuerrecht ausweislich des Erreichens der Grenze des tariflichen Spitzensteuersatzes die höchste Leistungsfähigkeit beginnt,

endet in den Sozialversicherungen die Solidar-
verantwortung.

Die Grenze des Spitzensteuersatzes ist derzeit
bei einem zu versteuernden Jahreseinkommen
von 52 882 Euro erreicht; zuzüglich des Grund-
freibetrags für das Existenzminimum (8004 Euro) entspricht das einem sozialversicherungs-
pflichtigen Jahreseinkommen von 60 886 Euro.
In der Kranken- und Pflegeversicherung endet die Beitragspflicht aber bereits bei brutto
47 250 Euro, in der Renten- und Arbeitslosenversicherung bei 69 600 Euro. Es ist ein auffallender Widerspruch der Rechtsordnung, dass die
nur der Bemessung nach Leistungsfähigkeit ver-
pflichtete Einkommensteuer das Existenzminimum schont, hingegen die dem Solidarprinzip
verpflichteten Solidarsysteme dies nicht tun; sie
belasten vom ersten verdienten Euro an.

Der ehemalige Geschäftsführer des Verbandes
Deutscher Rentenversicherungträger Franz Ruland dient hierfür als Kronzeuge: »*Aus diesem
Unterschied zwischen einheitlichem Beitragssatz
und progressivem Steuersatz folgt, dass eine Bei-
tragsfinanzierung sozialer Lasten vor allem die begünstigt, die hohe Einkommen haben und die daher bei einer Steuerfinanzierung mit einer höheren
Belastung zu rechnen hätten. Doppelt begünstigt
sind die, deren Einkommen oder dessen Spitzenbe-
trag überhaupt nicht beitragspflichtig ist. Daher ist*

die immer wieder anzutreffende Feststellung, dass
Besserverdienende infolge eines sozialen Ausgleichs
in der Rentenversicherung stärker herangezogen
würden, unzutreffend.«[85]

Im Ergebnis ist somit festzustellen, dass die
Wohlhabenden im Lande zunehmend aus ihrer
sozialstaatlichen Verantwortung entlassen wurden, und zwar umso mehr, je weiter die Verlage-
rung der Revenue auf indirekte Steuern und Sozialversicherungsbeiträge fortschritt. Mit dem
verfassungsrechtlichen Gebot der Solidarität,[86]
das eine Umverteilung von stark zu schwach und
von oben nach unten begrifflich einschließt, ist
dieses Ergebnis unvereinbar. Per saldo ist die Belastungswirkung durch Sozialbeiträge aufgrund
– *erstens* – der fehlenden Schonung des Existenzminimums, *zweitens* der Beitragsbemessungsgrenzen und *drittens* des linear proportionalen
Tarifs extrem regressiv und eines Sozialstaats
nicht angemessen. Je höher die Einkommen,
desto geringer wird ihre soziale Verantwortung.
Abbildung 5 macht das sichtbar. Dabei hat die
Politik die Sozialbeiträge vor allem im Zuge der

---

[85] Franz Ruland in *Deutsche Rentenversicherung*, 1/1995,
      S. 28.
[86] »Die Sozialversicherung beruht wesentlich auf dem Ge-
      danken der Solidarität ihrer Mitglieder«, BVerfGE 76,
      256, 301; E 17 1,9; 70, 101, 111; 79, 223, 236 f.; der
      Sache nach auf die Solidarität rekurrierend E 39, 316,
      330; 40, 121, 136.

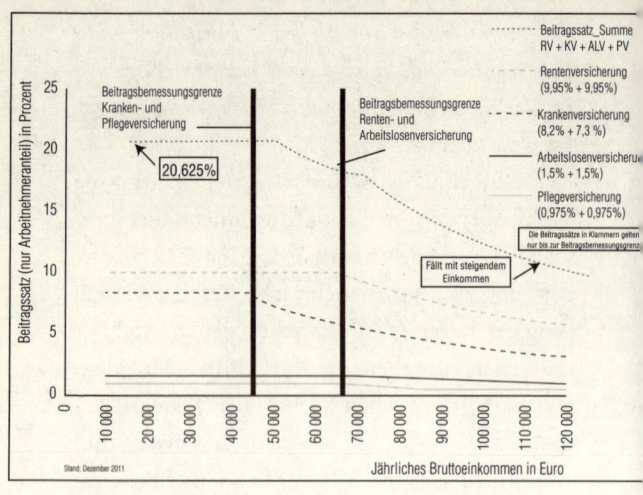

Abbildung 5: Beitragssätze der gesetzlichen Sozialversicherung (nur Arbeitnehmeranteil, Deutschland 2011)[87]

Wiedervereinigung »*wegen ihrer finanzpsychologis chen Vorteilhaftigkeit*«[88] gezielt und in großem Stil missbraucht, um die sonst zu erwartenden Abgabenwiderstände zu unterlaufen. Denn aus der Verwendung der Versicherungsterminologie resultiert eine systematische Täuschung der Abgabepflichtigen, weil es für die Beitragszahler ja so aussieht, als ob sie auf ihr eigenes Konto zahl-

---

[87] http://commons.wikimedia.org/wiki/File:Beitragssatz_SV_D_2011.PNG.

[88] Werner Niemeyer und Josef van Almsick: »Staffelung des Beitragssatzes nach der Kinderzahl«, in *Deutsche Rentenversicherung*, 1–2/1988, S. 41 ff.

ten. Dass ein derart monströses System nicht längst vom Wähler (oder vom Bundesverfassungsgericht) kassiert wurde, dürfte auch noch einer weiteren massiven semantischen und optischen Täuschung zuzuschreiben sein. Sie entsteht durch den sogenannten »Arbeitgeberbeitrag«, der bei den Versicherten den Eindruck erweckt, als trüge der Arbeitgeber die Hälfte der Beitragslast. Das war aber nur bei und unmittelbar nach seiner Einführung im 19. Jahrhundert der Fall; danach ging er in die allgemeine Lohnkalkulation ein. Seitdem ist er nichts anderes als vorenthaltener Lohn und taucht auf dem Gehaltszettel nicht als solcher auf.[89]

Der ganz normale Wahnsinn: Abgabenquoten bei Normalverdienern über 50 Prozent

Würde die Gehaltsabrechnung transparent erfolgen, müssten bei einem ledigen Arbeitnehmer mit einem Bruttogehalt von 2500 Euro im Monat deshalb neben den »Arbeitnehmerbeiträgen« für

---

[89] Glasklar hierzu Jef van Langendonck: »Der Unsinn des Arbeitgeberbeitrags«, in Winfried Boecken, Franz Ruland und Heinz-Dietrich Steinmeyer (Hg.): *Sozialrecht und Sozialpolitik in Deutschland und Europa. Festschrift für Bernd Baron von Maydell*, Neuwied 2002, S. 787 ff.

die Rentenversicherung (236,25 Euro), Krankenversicherung (205 Euro), Pflegeversicherung (31,88 Euro) und Arbeitslosenbeiträgen (37,50 Euro) – gesamt also 510,63 Euro – noch die »Arbeitgeberbeiträge« (182,50 Euro/236,25 Euro/25,63 Euro/37,50 Euro) in Höhe von 481,88 Euro ausgewiesen werden. Tatsächlich erarbeitet dieser Arbeitnehmer also nicht 2500 Euro brutto, sondern 2981,88 Euro. Die Sozialversicherungsbelastung liegt damit nicht bei (510,63 : 2500 =) 20,5 Prozent, sondern bei (992,51 : 2981,88 =) 33,3 Prozent. Zusammen mit der Lohnsteuer (333,75 Euro) und dem Solidaritätszuschlag (18,35 Euro) belaufen sich die Abgaben somit insgesamt auf 1344,61 Euro. Das sind bezogen auf das Gesamtbrutto einschließlich des »Arbeitgeberbeitrags« Abzüge von 45,1 Prozent.[90] Ausgezahlt werden netto 1637,27 Euro. Darauf lasten dann aber wiederum die diversen Verbrauchssteuern, die vor zwei Jahrzehnten einmal von der Arbeitsgruppe »Familien und Senioren« der Bundestagsfraktion der SPD mit 25 Prozent geschätzt wurden. Legt man der groben Schätzung sicherheitshalber nur die Hälfte zugrunde (12,5 Prozent x 1637,27 Euro), fallen somit noch weitere 204,66 Euro an Abgaben an. Nach dieser überaus vorsichtigen Schätzung liegen auf Arbeitseinkom-

---

[90] Unter Verwendung des TK-Gehaltsrechners ermittelt.

men in diesem Einkommensbereich also bereits Abgabelasten von 52 Prozent.

Legt man der Rechnung nach diesem Muster das steuerpflichtige Bruttoeinkommen in Höhe von 52 882 Euro im Jahr, also die Grenze des Spitzensteuersatzes von 42 Prozent, zugrunde (Monatseinkommen 4406,83 Euro), beträgt die Abgabenquote sogar 56,4 Prozent und liegt damit fast 10 Prozent höher als die nominelle »Reichensteuer« einschließlich Solidaritätszuschlag und sogar 20 Prozent über der effektiv festgesetzten Einkommensteuer für Milliardäre! Eine nähere Betrachtung der Steuerstatistik vermittelt nämlich weitere interessante Einsichten. So ist aus Tabelle 3 ersichtlich, dass der durchschnittliche Steuersatz der Ultraeinkommen – oberhalb von 1 Million Euro bis zu 5 Millionen und mehr pro Jahr – sogar sinkt, je höher die Einkommen sind: von 37,6 auf 36,4 Prozent (siehe vorletzte Spalte unten in der Tabelle).

	Steuerpflichtige		Einkünfte in Milliarden Euro	Zu versteuerndes Einkommen in Milliarden Euro	Festgesetzte Einkommensteuer		
	Absolut	%			Mrd. Euro	Satz %	Anteil %
15 000–25 000	4 954 802	18,8	99,38	78,24	6,94	8,9	
25 000–50 000	9 327 010	35,4	332,86	283,41	43,45	15,3	57,9
50 000–100 000	4 748 417	18,0	318,58	277,38	61,29	22,1	
100 000–250 000	1 071 598	4,1	149,39	131,11	40,30	30,7	
250 000–500 000	129 439	0,5	43,16	39,39	14,21	36,1	32,6
500 000–1 Million	35 178	0,1	23,57	21,87	8,2	37,5	
1 Million – 2,5 Millionen	12 245	0	18,11	16,87	6,34	37,6	
2,5 Millionen – 5 Millionen	2 807	0	9,54	8,95	3,28	36,6	9,2
5 Millionen und mehr	1 629	0	23,47	22,43	8,17	36,4	
Insgesamt	26 327 063	100	1 067,38	912,94	192,96	21,1	100

Bei einem Steuersatz von 42% hätten die Millionäre 2,5 Milliarden Euro Steuern mehr zahlen müssen

Tabelle 3: Einkommensteuerstatistik 2007[91]

Schier atemberaubend ist der Rückgang der Steuerbelastung bei den 46 reichsten Deutschen mit einem Durchschnittseinkommen von über 174 Millionen Euro, den das Deutsche Institut für

---

[91] Bearbeitung: Dieter Eißel, Universität Gießen. Zum Teil eigene Berechnungen nach *Statistisches Jahrbuch 2012*, S. 272.

Wirtschafsforschung/Berlin ermittelte: Statt 48,2 Prozent im Jahr 1998 zahlten sie 2005 nur mehr 28,7 Prozent Steuern.[92] Dennoch kommt ein Fünftel der 300 reichsten Menschen der Schweiz immer noch aus Deutschland, darunter allein 28 Milliardäre.[93]

Zwischenfazit: In Deutschland werden die öffentlichen Lasten zu weit über 60 Prozent aus Sozialbeiträgen und Verbrauchssteuern und somit in einer Weise getragen, welche die unteren Einkommen ungleich härter belastet als höhere und Arbeitnehmer weit mehr als jede andere gesellschaftliche Gruppe. Während die Belastung der Arbeitseinkommen seit Jahrzehnten zunahm, ist die aller anderen Einkunftsarten teils drastisch gesunken. Dass Bruttolöhne aus unselbständiger Beschäftigung, lebendiger Arbeit, mit über 50 Prozent an direkten Abgaben zur Kasse gebeten werden, dagegen Kapitalerträge nur mit 25 Prozent, macht die massenhafte Flucht in die Schwarzarbeit als »Schweiz des kleinen Mannes« vor diesem Hintergrund nur allzu verständlich. Zu dieser offenkundigen Asymmetrie gehört auch, dass tausende Zollbeamte, die im Zuge der EU-Entwicklung überflüssig wurden, zu Fahndern im Bereich ille-

---

[92]   Michael Hartmann: a.a.O. (Fn. 10), S. 17 m.w.N.
[93]   Derselbe, a.a.O., S. 12.

galer Beschäftigung umgeschult wurden, während tausende Steuerfahnderstellen unbesetzt blieben.

Kein Rätsel mehr:
Die Ursachen der doppelten Kinderarmut

Dass die Zahl der Geburten innerhalb von fünfzig Jahren halbiert und gleichzeitig der Anteil der Kinder im Sozialleistungsbezug auf das Sechzehnfache multipliziert wurde, ist ein Befund, wie man ihn weltweit sonst nirgends findet, und nicht nur der Beweis für das Scheitern des Sozialstaats, sondern für dessen Verkommenheit. Noch außergewöhnlicher ist die Tatsache, dass er in einem Land zu finden ist, das immer noch zu den reichsten Ländern der Welt gehört. Hierzu bietet die herrschende Meinung in Politik, Wirtschaft und Gesellschaft einschließlich der wissenschaftlichen Ratgeber der Regierungen seit Jahrzehnten die Erklärung an, diese Katastrophe sei vor allem eine Folge geringer Müttererwerbstätigkeit sowie der Massenarbeitslosigkeit. Dies überzeugt nicht, weil diese Umstände auch in vielen anderen Ländern anzutreffen sind, ohne dass dort derart katastrophale Folgen wie bei uns zu beobachten sind. Die Erklärung stimmt auch nicht mit den Fakten überein, weil die doppelte Kinderarmut trotz steigender Müttererwerbstätigkeit und sinkender Arbeitslosenzahlen ungebrochen zunahm.

Die herrschende Familienpolitik lässt weder bei der Befunderhebung noch bei der Anamnese dieser Gesellschaftskrankheit ein Minimum an Sorgfalt walten: Dies beweist nicht zuletzt der Umstand, dass sie sich nicht mit der Tatsache auseinandersetzt, dass in Deutschland die durchschnittliche Arbeitnehmerfamilie mit einem durchschnittlichen Einkommen und zwei Kindern – trotz harter Arbeit und trotz des Kindergeldes in Höhe von 4416 Euro im Jahr – sich nicht in der Lage sieht, ihre Kinder mindestens oberhalb der Grenze des existenzminimalen Lebensstandards von $(16\,260 + 14\,016 =)\,30\,276$ Euro im Jahr großzuziehen, die sich aus den Steuerfreibeträgen ergibt. Vielmehr bleibt sie um 3427 Euro pro Jahr darunter, wie aus Tabelle 4 ersichtlich ist. Trotz der Erhöhungen des Kindergeldes auf mehr als das Siebenfache des Betrages von 1990 (von 26 Euro auf 184 Euro) sind Familien mit zwei und mehr Kindern über die Jahrzehnte immer tiefer abgerutscht.

	Ledig, ohne Kind	Verheiratet, ohne Kind	Verheiratet, 1 Kind	Verheiratet, 2 Kinder	Verheiratet, 3 Kinder
Steuerklasse	I	III/0	III/1	III/2	III/3
Jahresbrutto	**30 000**	**30 000**	**30 000**	**30 000**	**30 000**
Lohnsteuer	4 029	1 514	1 514	1 514	1 514
Kirchensteuer (8 Prozent)	322	121	17	0	0
Solidaritätszuschlag	222	0	0	0	0
Kranken- versicherung (AN 8,2 Prozent)	2 460	2 460	2 460	2 460	2 460
Rentenversicherung (AN 9,45 Prozent)	2 835	2 835	2 835	2 835	2 835
Arbeitslosen- versicherung (AN 1,5 Prozent)	450	450	450	450	450
Pflegeversicherung (AN 1,025 Prozent + 0,25 Prozent Kinderlose)	383	383	308	308	308
Kindergeld			2 208	4 416	6 696
Netto	**19 299**	**22 237**	**24 624**	**26 849**	**29 129**
Steuerliches Existenzminimum					
Erwachsener	8 130	16 260	16 260	16 260	16 260
Kinder			7 008	14 016	21 024
Frei verfügbares Einkommen/ Haushalt	**11 169**	**5 977**	**1 356**	**–3 427**	**–8 155**

Tabelle 4: Horizontaler Vergleich der Einkommen und Abzüge 2013 in Euro[94]

[94] Erstellt von Sintje Sander, Deutscher Familienverband (DFV), Berlin, 12. Dezember 2012.

Wer diese Tabelle gründlich analysiert, für den ist die Ursache der grassierenden Kinderarmut kein Rätsel mehr. Denn die Tabelle fördert genau die Verteilungsfehler zutage, die in diesem Buch bereits vorgestellt wurden und vor denen insbesondere die Gründerväter des Sozialstaats Gerhard Mackenroth und Wilfrid Schreiber 1952 und 1955 eindringlich warnten: Weil Löhne Markteinkommen sind, sind sie vollkommen blind für die Frage, wie viele Mäuler davon zu stopfen sind. Die Fachleute sprechen hier von »*individualistischer Engführung*« der Markteinkommen; sie führt dazu, dass in marktwirtschaftlich organisierten Gesellschaften der Einzelne stets im Vorteil gegenüber Familien ist. Dem Staat obliegt deshalb die Aufgabe, diesen Fehler der Primärverteilung, der dort nicht zu ändern ist, im Rahmen der »sekundären« Einkommensverteilung durch das Steuer- und Sozialsystem zu korrigieren.

Das geschieht in Deutschland jedoch deshalb nicht, weil (nur) die Löhne zu Lasteseln der Sozialversicherung gemacht werden, an welche die Beitragssysteme der Sozialversicherung anknüpfen und dabei den unterschiedlichen Leistungen, die Familien und Nichtfamilien für die Systeme erbringen, keine Beachtung schenken. Die Benachteiligung der Familien aus der Marktsphäre wird dadurch quasi im Maßstab eins zu eins in die sekundäre Umverteilung verlängert und im Ergebnis verdoppelt. Weil die Sozialversicherung im Gegensatz zur Einkommen- und Lohnsteuer kein Existenzminimum schont und der regressive Beitragstarif umso härter belastet, je mehr Personen von einem gegebenen Einkommen leben müssen, resultiert die grassierende Kinderarmut vor allem aus dem Beitragssystem der Sozialversicherung. Tabelle 4 macht diese doppelte Benachteiligung der Familien auf einen Blick sichtbar, denn mit Ausnahme der kleinen Differenz bei der gesetzlichen Pflegeversicherung zahlen Familien wie Kinderlose identische Sozialbeiträge; dabei ist der vorenthaltene Lohn in Gestalt des Arbeitgeberbeitrages, der insgesamt fast mit den Arbeitnehmeranteilen identisch ist, sogar noch unsichtbar.[95] Hier liegt die »Deep-Water-Horizon«-Ursache der Familienverarmung, und solange sie nicht beseitigt ist, kommt alle Familienpolitik dem vergeblichen Versuch der Bürger Louisianas gleich, jeden Tag aufs Neue mit Eimerchen und Schäufelchen der Ölpest an ihren Stränden Herr zu werden, welche die Explosion der Bohrinsel verursachte.

---

[95] Was die Tabelle nicht zeigt, ist die Tatsache, dass Familien wegen der geringeren Altersversorgung im Alter dann ebenfalls das Nachsehen haben, wodurch sich die Benachteiligung verdreifacht.

Bei Familien, das ist das Fazit, kumulieren und kulminieren die Verteilungsfehler unserer Transfersysteme. Diese den Gleichheitsgrundsatz verletzenden Belastungen und Verteilungsfehler hat das Bundesverfassungsgericht im Trümmerfrauen- und Beitragskinderurteil längst identifiziert und ihre Beseitigung angemahnt, ohne dass der Gesetzgeber den Aufträgen nachkommt. Dass der gegenwärtige Zustand verfassungswidrig ist, steht deshalb außer Frage.

Ungerechtigkeit auf die Spitze getrieben: Staatsfinanzierung durch Schulden

Die ohnehin schon himmelschreiende Ungerechtigkeit der Staatsfinanzierung wird obendrein nun noch durch die horrende Staatsverschuldung gesteigert, deren Tücke weithin unbekannt ist und in der Öffentlichkeit kaum je zur Sprache kommt. Dort ist die Generationengerechtigkeit das große Thema – zu Unrecht, denn Gläubiger und Schuldner stehen sich ja nicht intertemporär im Zeitablauf, sondern stets aktuell gegenüber, so wie sich Schulden und Guthaben auch stets zu null saldieren. Die Argumentation mit der Generationengerechtigkeit lenkt also ab vom Kardinalproblem. Dies besteht bei den Staatsschulden nämlich darin, dass sie

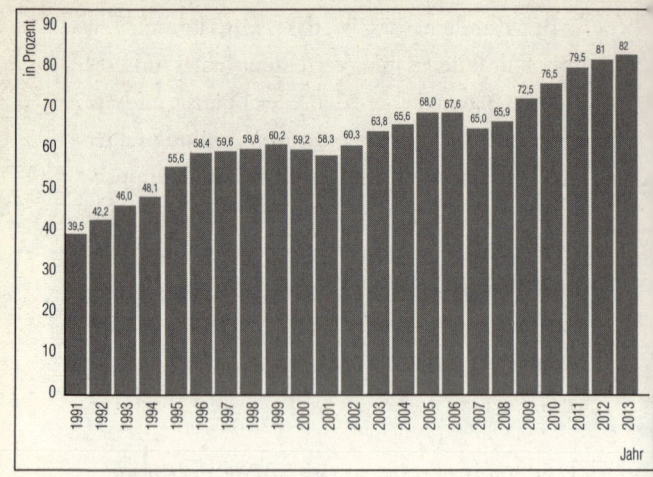

Abbildung 6: Entwicklung der Schuldenstandsquote
Maastricht – Schuldenstand in Prozent des BIP[96]

implizit Steuererleichterungen für Reiche beinhalten.

Grundsätzlich schreibt das Grundgesetz eine
solide Haushaltspolitik vor, die ihren Bedarf aus
laufenden Steuern deckt (Artikel 115 GG). Dabei ist der vom Bundesverfassungsgericht stets
betonte »oberste Grundsatz der Steuergerechtigkeit« die Belastung nach Leistungsfähigkeit.
Staatschulden enthalten nun eine dreifache Steu-
erprivilegierung ausgerechnet der Leistungsfä-
higsten, die nämlich *zum einen* die ersten Adres-

---

[96] Quelle: Bundesministerium der Finanzen: *BMF-Mo-
natsbericht*, 2/2010, S. 43.

saten des staatlichen Steuerbefehls sein müssten, aber durch die staatliche Kreditaufnahme verschont und dafür *zum anderen* sogar noch mit Zinsen belohnt werden, für die – *drittens* – nicht der ihrem Einkommen entsprechende progressive Tarif zu zahlen ist, sondern der einheitliche der Abgeltungssteuer von 25 Prozent. Bezahlt werden diese Zinsen jedoch überwiegend aus den Steuern der »kleinen Leute«. Welche Summen diese Privilegierung und der staatliche Steuerverzicht erreicht haben, sieht man in Abbildung 6. Mit rund 2,1 Billionen Euro beträgt sie nämlich rund das Siebenfache des Bundeshaushalts 2013, der sich laut Haushaltsgesetz 2013 auf 302 Milliarden beläuft. Deutlich wird hieran auch, dass die Staatsverschuldung zusammen mit den übrigen Asymmetrien der Abgabenlast zu Lasten der »kleinen Leute« wesentlich zu dem unvorstellbaren Reichtumszuwachs an der Spitze der gesellschaftlichen Einkommens- und Vermögenspyramide beigetragen hat.

Fehlende Besteuerung von Riesenvermögen sozialstaatswidrig

Dass die Vermögen in Deutschland extrem ungleich und ungleicher als anderswo verteilt sind, haben die Armutsberichte der Bundesregierung,

Studien der Bundesbank und Europäischen Zentralbank im Wesentlichen übereinstimmend ebenso bestätigt wie deren zunehmende vertikale Polarisierung. Sie resultiert vor allem aus den Verteilungseffekten unserer Steuer- und Sozialsysteme, in denen eine Umverteilung von unten nach oben stattfindet, die den Geboten des sozialen Rechtsstaats hohnspricht. Das Ergebnis ist eine Kumulation von Vermögen, die schlicht unvorstellbar ist. Damit bestätigen sich die Ahnungen »*bedrohlicher Entwicklungen der Eigentumsverteilung*«, die der Bundesverfassungsrichter Ernst Wolfgang Böckenförde in seiner abweichenden Meinung zum Urteil des Bundesverfassungsgerichts vom 22. Juni 1995 zur Vermögensteuer niederlegte und mit denen er die vom Sozialstaatsprinzip gebotene Notwendigkeit einer effektiven Vermögensbesteuerung begründete[97] – wörtlich weiter: »*Dieser disproportionale Schutz der Vermögenden fällt überdies in eine Situation, die hierzu keinen Anlass gibt. Angesichts einer hohen Arbeitslosigkeit und den großen Belastungen infolge der deutschen Vereinigung besteht ein Ausgleichsbedarf, wie ihn die Geschichte der Bundesrepublik bisher kaum je kannte. Es ist nicht einsichtig, dass angesichts dessen ein gemäßigter Zugriff auf bestehende Vermögensmassen verfassungs-*

---

[97] BVerfGE 93, 121 ff. (am Ende).

rechtlich tabu sein soll. Auch die derzeitige Ver-
mögensverteilung in den alten Bundesländern ist
kein Grund, solche Handlungsmöglichkeiten einem
Gesetzgeber zu verweigern, der jedenfalls bisher
dem Schutz des Vermögens hinreichend Rechnung
getragen hat: Immerhin verfügten Ende 1993
5,5 v. H. der privaten Haushalte über 31,7 v. H.
bzw. 18,4 v. H. der Haushalte über 60 v. H. des
gesamten Nettogeldvermögens, wobei Haushalte
mit einem Jahres-Nettoeinkommen von mehr als
420 000 DM – mangels Aussagebereitschaft der Be-
troffenen – in diesen Zahlen noch nicht berücksich-
tigt sind. Die Zahlen zum Grundvermögen liegen
ähnlich. Auch nimmt diese Konzentration nicht ab,
sondern tendenziell eher zu (Nachweise in: Wirt-
schaft und Statistik, 1985, S. 408 <418>; 1995,
S. 391 <398 f.>; S. 488 <492 f.>).«

Schon damals war also die Vermögenskonzen-
tration mit dem Sozialstaatsprinzip unvereinbar.
Angesichts ihrer krassen Steigerung in den zurückliegenden zwei Jahrzehnten ist die Tatsache,
dass bis heute keine effektive Vermögensbesteuerung stattfindet, schlicht unerträglich. Dies gilt
umso mehr, als die Schieflage der Verteilung sozialer Verantwortung vornehmlich auf die Schultern der Arbeitnehmer aus berufener Quelle immer wieder moniert wurde.

Im Gutachten des Deutschen Instituts für
Wirtschaftsforschung (DIW Berlin) für den

Spiegel »Arbeit für viele« vom Juli 2002 wird die Entwicklung wie folgt beschrieben: »*Betrachtet man die Entwicklung des deutschen Steuer- und Abgabenaufkommens seit den fünfziger Jahren …, so fällt auf, dass die gesamtwirtschaftliche Steuerquote (Steueraufkommen in Prozent des Bruttosozialprodukts) konstant verlief. Demgegenüber stieg die Belastung mit Sozialausgaben im Verhältnis zum Bruttosozialprodukt (BSP) ständig an. Innerhalb des Steueraufkommens verringerte sich der Beitrag der Gewinn- und Kapitaleinkünfte deutlich, während die Lohnsteuer immer mehr Gewicht gewann. Ein Blick auf die Struktur des gesamten Aufkommens an Steuern und Sozialabgaben macht eine deutlich wachsende Belastung des Faktors Arbeit deutlich … Der deutsche Steuerstaat ist im Laufe der Zeit zunehmend zum Lohnsteuer- und Sozialabgabenstaat geworden … Die Lohnsteuerquote (Lohnsteuer bezogen auf die Bruttolohn- und -gehaltssumme) stieg von 7 % Anfang der 60er Jahre kontinuierlich auf zuletzt 19 %. Demgegenüber verringerte sich die Belastung der Gewinn- und Kapitaleinkünfte in Relation zu den Bruttoeinkommen aus Unternehmertätigkeit und Vermögen von 34 % Anfang der 80er Jahre auf gegenwärtig unter 20 % … im Trend der vergangenen 20 Jahre [ist] … in Deutschland eine deutliche Verschiebung zulasten der Arbeitseinkommen und zugunsten der Gewinn- und Vermögenseinkünfte zu beobach-*

ten … Im internationalen Vergleich liegt das Auf-
kommen der deutschen Vermögensbesteuerung in
Relation zum BIP sehr niedrig.«[98]

Superreiche im toten Winkel
auf der Überholspur

Fragt man, warum die Sozialstaatsdebatte diesem Skandal immer noch so wenig Beachtung
schenkt, so liegt das sicher an mehreren Gründen. Die soeben behandelte Intransparenz des
Zustandekommens von Reichtum und damit die
Undurchsichtigkeit unseres Steuer- und Sozialsystems ist einer davon. Einen anderen hat die
taz-Redakteurin Ulrike Herrmann in ihrem
Buch *Hurra, wir dürfen zahlen*[99] klug entschlüs-
selt: Die Justierung der Grenze des Spitzensteuersatzes bei knapp über 50 000 Euro Jahreseinkommen bewirkt, dass sich schon die untere
Mittelschicht zur Elite zählt. Da das Nettoein-
kommen dann aber in der Nähe dessen liegt, was
auch eine Hartz-IV-Familie erhält, lenkt dieser
Umstand den empörten Blick nach unten mit

---

[98] www.diw.de/sixcms/detail.php/40205.
[99] Ulrike Herrmann: *Hurra, wir dürfen zahlen. Der Selbst-
betrug der Mittelschicht*, Frankfurt am Main 2010.

der Folge, dass der Reichtum im toten Winkel auf der Überholspur unbehelligt bleibt.

Ein weiterer Grund dürfte darin liegen, dass die Summen der Riesenvermögen so unendlich abstrakt sind und ihnen offenbar immer noch der Anschein von Verdienst anhaftet, dass sie also auf Leistung beruhen. Dieser Eindruck dürfte in der Regel für die Begründung von – nicht ererbten – Vermögen auch zutreffen, kann allerdings seit einiger Zeit bei Topmanagern keine Geltung mehr beanspruchen, deren Gehaltsexzesse Bundestagspräsident Norbert Lammert zu Recht »*fassungslos über die Skrupellosigkeit*« hart kritisiert hat.[100] In der Tat, wenn man sich vor Augen hält, dass Bankmanager wie der Commerzbank-Vorstandsvorsitzende Klaus Blessing für ihr Scheitern und die Inanspruchnahme öffentlicher Hilfen mit Einkommensdeckelungen auf 500 000 Euro Jahreseinkommen, das heißt etwa dem Fünfzehnfachen eines Facharbeiterlohnes, sanktioniert wurden, stimmen die Proportionen hinten und vorne nicht mehr. Dies umso mehr, als Bankerlegenden wie einst der Deutsche-Bank-Chef Hermann Josef Abs sich etwa mit dem Zehnfachen des Durchschnittseinkommens ihrer Mitarbeiter begnügt haben sol-

---

[100] Hans-Ulrich Wehler: *Die neue Umverteilung: Soziale Ungleichheit in Deutschland*, München, 2. Aufl. 2013, S. 78–82.

len (weil vielleicht die seinerzeit hohe Besteuerung dies unattraktiv machte?).[101]

Auch bei Milliardenvermögen sollte man den Respekt nicht übertreiben. Denn es sind überraschende Einsichten, wenn man die Ultravermögen in Alltagshorizonte übersetzt und dann den Maßstab anlegt, der sonst für Spitzenleistungen gilt. Dies hat der Karlsruher Jurist und Reichtumsforscher Harald Wozniewski getan, der in seinem Buch *Wie der Nil in der Wüste*[102] einen modernen Feudalismus beschreibt, den er »Meudalismus« nennt. Was, so fragt er seine Leser auf Seite 82 ff., muss man als Stundenlohn verdienen, um in vierzig Jahren bei jährlich 230 Arbeitstagen à acht Stunden auf ein Vermögen im Wert von 16,10 Milliarden Euro zu kommen? Basiert auf Angaben des *manager magazin spezial* 2006 hat er diesen Wert bei Karl Albrecht (Aldi Süd), dem Spitzenreiter seiner 300 Namen umfassenden Liste, ausgemacht. Die Antwort: 451 000

---

[101] Wer über eine gesetzliche Begrenzung der Managergehälter nachdenkt, findet in der Ankoppelung an die Durchschnittseinkommen der Unternehmensangehörigen jedenfalls zugleich ein Patentrezept, um exzessive Niedriglohnbeschäftigung gleich mit zu unterbinden; in der Schweiz wurde laut Presseberichten im Mai 2013 eine Initiative in Gang gebracht, welche die Einkommen auf das Zwölffache des niedrigsten Einkommens im Unternehmen begrenzen will.

[102] Harald Wozniewski: *Wie der Nil in der Wüste*, Books on Demand, Norderstedt 2009.

Euro! So viel also wie 80 000 Friseure. Anschließend versucht der Meudalismusforscher, einen
Maßstab zu finden, der für Spitzenleistungen als
leistungsgerecht anzusehen ist. Er findet ihn in
der Besoldung von Richtern des Bundesverfassungsgerichts, die höchstqualifizierte Arbeit leisteten: Sie erhielten rund 120 000 Euro brutto im
Jahr (2003). Für den Karl-Albrecht-Stundenlohn
müssten drei Bundesverfassungsrichter somit ein
Jahr lang arbeiten. Selbst die Bundeskanzlerin –
Jahreseinkommen rund 210 000 Euro – müsste
zwei Jahre arbeiten. Tatsächlich sind es ja auch
nicht die Leistungen von Karl Albrecht, sondern
die seiner 200 000 Mitarbeiter, die sein Vermögen so ins Unendliche wachsen ließen und die
selbst mehr als die Hälfte ihres mageren Verdiens-
tes bei Vater Staat abliefern mussten und müssen,
damit dieser nicht bei ihrem Chef um milde Gaben für das Allgemeinwohl nachsuchen muss.

Reichtum ist wie Mist …

Meudalismusforscher Wozniewski hat noch eine
weitere interessante Beobachtung gemacht: dass
nämlich mit zunehmender Reichtumskonzen-
tration die Geldumlaufgeschwindigkeit[103] ab-

---

[103] Gemessen am BIP ./. Geldmenge M 1.

nimmt und dies zum allgemeinen Schaden mit einer Verlangsamung der volkswirtschaftlichen Kreisläufe einhergeht. Sie ist von 6,6 in 1981 auf nur noch 2,0 in 2008 und damit auf weniger als ein Drittel zurückgegangen. Das deckt sich mit den Einsichten, die das weltweit bestaunte »Wunder von Wörgl« in der Weltwirtschaftskrise Ende der zwanziger Jahre in Österreich lehrte, als der Bürgermeister Michael Unterguggenberger das vom Geld- und Sozialreformer Silvio Gesell konzipierte »Schwundgeld« in seiner Gemeinde in Umlauf brachte und es damit schaffte, mitten in der tiefsten Depression die Wirtschaft wieder in Schwung zu bringen.

In Wikipedia ist dazu zu lesen, der Schwund-geldumlauf sei binnen der vierzehn Monate bis zum Verbot durch die Nationalbank 400-mal erfolgt: »*Monatlich musste eine Marke zu einem Prozent des Nennwertes der Note gekauft und in ein dafür vorgesehenes Feld auf der Vorderseite des Geldscheins geklebt werden, um ihn gültig zu erhalten ... Das Experiment war erfolgreich. Geldkreislauf und Wirtschaftstätigkeit wurden wiederbelebt, während das übrige Land tief in der Wirtschaftskrise steckte. Die Erfolge des Projektes konnten sich sehen lassen: Der Einnahmenrückstand wurde um 34 % verringert, der Abgabenrückstand konnte um über 60 % abgebaut werden. Weiters konnte eine Zunahme des Ertrages an Gemeindesteuern um 34 % und*

eine Zunahme der Investitionsausgaben der Ge-
meinde von etwa 220 % verzeichnet werden. Bis in
die 1980er zeugte unter anderem die Aufschrift ›mit
Freigeld erbaut‹ auf einer Straßenbrücke davon. In
den vierzehn Monaten des Experiments sank die Ar-
beitslosenquote in Wörgl von 21 auf 15 % ab, wäh-
rend sie im übrigen Land weiter anstieg.«[104]

Reichtum, das zeigt sich auch hier, ist wie Mist: Auf einem großen Haufen stinkt er und vergiftet das Grundwasser, fein verteilt bringt er das Land zum Blühen.

---

[104] http://de.wikipedia.org/wiki/W%C3%B6rgl.

KAPITEL 5

Die Zechprellerkultur der Eliten oder War die Französische Revolution eine Neiddebatte?

Nach den soeben erarbeiteten Feststellungen lassen sich nun mühelos die Argumentationsfiguren zerlegen, mit denen in Deutschland seit Jahrzehnten das Publikum überrumpelt wird. Sie besagen, dass es auf die Leistungsträger und Eliten ankomme, die Bewegungsfreiheit brauchten und nicht über Gebühr strapaziert, das heißt durch zu hohe Steuersätze demotiviert werden dürften. Das Kapital, so heißt es weiter, sei ein »scheues Reh«: Werde es verängstigt, fliehe es ins Ausland, damit sei der Gesellschaft und dem Wirtschaftsstandort aber am wenigsten gedient, deshalb müsse man die großen Einkommen und Vermögen schonen. Die obersten 10 Prozent der Einkommensteuerzahler trügen doch ohnehin zu über 50 Prozent zum Einkommensteueraufkommen bei, und mehr als jeder dritte Euro unseres Sozialprodukts, über 800 Milliarden Euro, fließe hierzulande in die sozialstaatliche Umverteilung.

Schließlich findet sich noch der Vorwurf an alle, die das Auseinanderdriften zwischen Arm und Reich thematisieren, im Arsenal der Verteidiger des Status quo der gesellschaftlichen Lastenverteilung, man führe eine zersetzende Neiddebatte.

Das 800-Milliarden-Euro-Karussell

Natürlich wirkt ein Sozialbudget von 800 Milliarden Euro, in dem alle Sozialleistungen zusammengefasst sind, auf den ersten Blick imponierend. Der Hinweis auf das schiere Volumen des Sozialbudgets unterschlägt aber die spätestens bereits seit der Transfer-Enquete-Kommission (1977–1980) bekannte Einsicht, dass in den allermeisten Haushalten hierzulande negative und positive Transfers – Abgaben und Sozialleistungen – zusammentreffen und sich eine klare Saldierung wegen einer Fülle methodischer Probleme nicht belastbar vornehmen lässt. Das kann übrigens jede Doppelkopfrunde mal ausprobieren: Dem ersten Spieler knöpft Vater Staat 10 Euro ab und gibt sie dem zweiten, von dem er aber ebenfalls 10 Euro kassiert, die er dann dem dritten gibt, und so weiter. Am Ende gibt der Staat dann dem ersten 10 Euro zurück – Ergebnis: Umverteilungsvolumen 40 Euro, Umverteilungssaldo und -effekt: null!

Nach den im vorangegangenen Kapitel gewonnenen Erkenntnissen steht jedoch zum einen fest, dass die Finanzierung des Sozialstaats wie des staatlichen Ganzen überhaupt von der Masse der Lohn- und Gehaltsempfänger getragen wird. So tragen Arbeitnehmer die Sozialversicherungen mit ihren Beiträgen allein, und soweit sie durch Steuerzuschüsse finanziert werden, ergibt sich schon aus dem Übergewicht der Verbrauchssteuern zwangsläufig, dass auch hier Arbeitnehmer den Löwenanteil beisteuern. Zum anderen steht wegen der regressiven Belastungswirkung sowohl der Sozialbeiträge wie auch der Verbrauchssteuern weiter fest, dass die Sozialstaatsfinanzierung den Geboten des sozialen Rechtsstaats hohnspricht, denn dieser fordert die annähernd gleichmäßige Verteilung der Lasten.[105] Davon kann auch nicht entfernt die Rede sein, denn die Lastenverteilung in Deutschland erfolgt massiv in regressiver Richtung: Die Masse der sozialversicherten Bürger wird durch Sozialbeiträge und Verbrauchssteuern in der Größenordnung von weit über 60 Prozent der öffentlichen Gesamteinnahmen umso härter belastet, je tiefer die Einkommen sinken.

---

[105] BVerfGE 5, 85 (198), ständige Rechtsprechung.

10 Prozent der
Einkommensteuerzahler …

Zu dem Argument, die obersten 10 Prozent der Lohn- und Einkommensteuerzahler trügen zu mehr als 50 Prozent der Einnahmen des Staates aus dieser Quelle bei, könnte man zynisch einfach anmerken, dass man die Einkommen mit den dazugehörigen Steuerlasten dann doch einfach besser verteilen möge! Tatsächlich wendet sich dieses Argument aber mit Wucht gegen die, die es ins Feld führen. Denn entscheidend ist ja der Anteil der Einkommensteuer an den Gesamteinnahmen der öffentlichen Hände. Hier wird es dann spannend: Laut Angaben des Bundesfinanzministeriums beläuft sich der Anteil der Lohn- und Einkommensteuern für das Jahr 2011 auf 30 Prozent der Gesamteinnahmen des Fiskus. Da sich indirekte und direkte Steuern ausweislich der »Übersicht über die Einnahmen des Staates in ausgewählten Ländern« (siehe Tabelle 1 auf S. 117f.) in diesem Jahr mit jeweils rund 25 Prozent an den Gesamteinnahmen des Staates (einschließlich der Sozialbeiträge) die Waage hielten und neben der Einkommensteuer noch weitere direkte Steuern zum Staatsaufkommen beitragen, liegt der Anteil der Einkommen- und Lohnsteuer – bezogen auf die gesamte Revenue der öffentlichen Hände – also bei etwa 20 Prozent. Hiervon die Hälfte wären dann gerade einmal 10 Prozent; selbst wenn man unterstellt, dass dieses Dezil noch einmal für Verbrauchssteuern die Hälfte des Volumens seiner Einkommensteuer aufwendet, käme man nur auf 15 Prozent. Wenn die reichsten 10 Prozent des Landes, die über circa ein Drittel aller Einkommen und zwei Drittel der Vermögen verfügen, sich mit vielleicht 15 Prozent an den Gemeinlasten beteiligen, so ist das gewiss kein Ruhmesblatt für den Sozialstaat. Sondern eine moralische und politische Schande.[106]

Auch dieses Detail macht also deutlich, wie himmelschreiend ungleich und ungerecht die Lastenverteilung sich hierzulande entwickelt hat. Natürlich ist das Argument naheliegend, dass die Sozialversicherungsbeiträge hier außer Betracht bleiben müssten, weil sie auch zu Ansprüchen führen. Dieser Ansatz ist jedoch zum einen zu kurz gedacht, weil die Versorgung im Alter, bei Krankheit und Erwerbslosigkeit sonst dem steuerfinanzierten Sozialstaat zur Last fiele und damit bei einer gerechten Ausgestaltung des Steuer-

---

[106] Zu vergleichbaren Ergebnissen kommt auch Claus Schäfer: »Anhaltende Verteilungsdramatik – WSI-Verteilungsbericht 2008!«, in *WSI-Mitteilungen* 11–12/2008, S. 587 f. Danach blieb 2008/erste Jahreshälfte von der Bruttolohnquote in Höhe von 63,7 Prozent des Volkseinkommens nach Abzug von Lohnsteuer und Sozialabgaben nur eine Nettolohnquote von 33 Prozent übrig, während von einer Bruttogewinnquote von 36,6 Prozent eine Nettoquote von 30,1 Prozent verblieb.

rechts nach Leistungsfähigkeit vor allem von denen zu tragen wäre, die der Sozialstaat derzeit von jeglicher Verantwortung für die beitragsfinanzierten Systeme freistellt. Zum anderen ist dieses Argument auch zweischneidig, weil ein Großteil der Arbeitnehmergroschen, die als Beiträge in die Sozialversicherung fließen, sich dort in Einkommen von Selbständigen (zum Beispiel von Ärzten), in Sachinvestitionen und Medikamente (mit denen Unternehmen Gewinne machen) verwandeln und so zu den Einkommen und den darauf entrichteten Steuern des obersten Dezils ebenfalls beitragen. Vom Fazit, dass die starken Schultern hierzulande sozialer Verantwortung weitgehend enthoben sind, ist deshalb nichts zurückzunehmen.

Dreistes »scheues Reh«: Von der Plutokratie zur Latrimonarchie[107]

Im Gegenteil ist zu unterstreichen, dass allein schon diese intellektuellen Abwehrmanöver reine Verantwortungslosigkeit offenbaren. Denn alle großen Einkommen beruhen zwangsläufig auf Vorleistungen der staatlichen Gemeinschaft. Wer

---

[107] »Herrschaft der Räuberbanden« – vom lateinischen *latrimonia*, dies von *latro* für »Räuber, Bandit, Ausplünderer«, vgl. auch Augustinus, a. a. O.

Einnahmen aus einer Würstchenfabrik oder aus Molkereien erzielt, braucht dafür Arbeitnehmer, die große Teile ihrer Ausbildung in öffentlichen Schulen und im öffentlichen Bildungswesen erhalten haben, der Patron ja meist ebenfalls. Wer mit seinen zehn, zwanzig, 200 oder mehr Lkws Milch oder andere Waren transportiert, nutzt das öffentliche Straßennetz mehr als andere. Sicherheit garantieren ihm Polizei und Militär, den rechtlichen Schutz seiner Wirtschaftsinteressen die Justiz. Gerade die Einkommensteuern sind deshalb konsequent als Rückzahlung von Schulden für staatliche Vorleistungen zu verstehen. Wer sich ihnen entzieht, verhält sich wie ein Zechpreller oder Schmarotzer.

Was für eine radikale Abkehr von den grundlegenden Wertvorstellungen des Rechts- und Sozialstaats sich hinter der Argumentation vom Kapital als »scheuem Reh« verbirgt, hat der Augsburger Ökonom Reinhard Blum auf den Punkt gebracht: *Das ist allerdings eine spektakuläre Drohung. Welcher Wandel des Rechtsbewusstseins tritt hier zutage, wo es darum geht, den wirtschaftlichen Prozessen, dem individuellen Streben nach materiellem Gewinn Normen und Grenzen durch das Recht zu setzen? Denn niemand – gerade in der auf Privateigentum fußenden marktwirtschaftlichen Ordnung – käme jemals auf die Idee, sich von Dieben drohen zu lassen, sie würden noch mehr stehlen, wenn die Strafen und Kontrollen erhöht werden!«*[108]

Das ist zugleich die passende Antwort auf die vieldiskutierte These von der »*Staats-Kleptokratie*« und der Reaktion mit einem »*antifiskalischen Bürgerkrieg*« des Karlsruher Philosophen Peter Sloterdijk, die seit 2009 durch die Republik wabert. Denn der Staat greift ja nicht den Reichen brutal und primitiv in das Portemonnaie, sondern den Arbeitnehmern. Wenn Sloterdijk mal sozialversicherungspflichtig arbeiten würde, spürte er das und wüsste es. So leidet er an Phantomschmerz im Elfenbeinturm. Reichtumsgeschichtlich haben wir den Zustand der Plutokratie, den Salvianus beschrieb, längst hinter uns gelassen und befinden uns nunmehr im Stadium der Augustinischen Latrimonarchie, der Räuberherrschaft. Das bestätigen uns auch die Enthüllungen der »Offshore-Leaks«, die im April 2013 wie eine Bombe einschlugen. Sie sprechen von 400 Milliarden Euro, die aus Deutschland auf verschlungenen Wegen in Steueroasen gelotst wurden. Der Betrag erscheint allerdings eher zu niedrig angesetzt, wenn man bedenkt, dass zum einen die Summe derart beiseitegeschaffter Ver-

---

[108] Reinhard Blum: »Gesellschaft mit beschränkter Haftung – Privater Reichtum, öffentliche Armut«, in Gerhard Kleinhenz (Hg.): *Soziale Ausgestaltung der Marktwirtschaft*, Berlin 1995, S. 57 ff. (71).

mögen weltweit auf 20 bis 25 Billionen Euro (das heißt rund das Achtfache des jährlichen Bruttoinlandsprodukts Deutschlands) geschätzt wird und zum anderen laut dem Magazin *Forbes* unter den hundert Reichsten der Welt mehr als zwanzig aus Deutschland stammen sollen. Wie auch immer: Die steuerhinterziehenden Staatsverächter sind im doppelten Sinne »stiften gegangen«: Nicht nur anonymisieren sie ihr Geld »offshore« in Stiftungen in Steueroasen, sondern *»entfernen sich heimlich, schnell und unauffällig, um sich einer Verantwortung zu entziehen«* (Duden).[109]

War die Französische Revolution eine Neiddebatte?

Schließlich stellt sich noch die Frage, ob die Thematisierung der wachsenden Ungleichheit eine Neiddebatte ist. Im *Berliner Tagesspiegel* vom 17. März 2013 fand sich dazu eine viertelseitige Anzeige, in welcher der Bankier a. D. und Stifter des Brandenburg-Preußen-Museums in Wustrau Ehrhardt Bödecker seinem Ärger Luft machte.

---

[109] Hierzu passt, dass nach den Forschungen des Darmstädter Soziologen Michael Hartmann große Teile der deutschen Wirtschaftseliten soziale Ungleichheit als gerecht ansehen, siehe *Soziale Ungleichheit – Kein Thema für Eliten?*, Frankfurt am Main und New York 2013, S. 116 ff.

Der Kampfruf »Die Armen werden ärmer, die Reichen immer reicher« gehöre zu den berüchtigten Neidaufrufen des 19. Jahrhunderts, mit denen viel soziales Unglück herbeigeredet worden sei, »*obwohl seine Richtigkeit in Deutschland zu keiner Zeit, auch in der Gegenwart nicht statistisch belegt werden konnte*«. Die Eindämmung des Neids als zerstörerische Kraft gehöre zu den Überlebensregeln aller menschlichen Gemeinschaften. So oder ähnlich ist es immer wieder in der Verteilungsdebatte zu vernehmen.

Diese – sachlich falsche[110] – Meinungsäußerung ist symptomatisch für ein völlig degeneriertes Verständnis des für Staat und Gesellschaft konstitutiven Zusammenhangs von Gleichheit und Freiheit, das sich meist in dem Schlagwort »Privat vor Staat!« sowie in der Forderung Bahn bricht, die »Gleichmacherei« durch Umverteilung zu beenden und durch »Chancengleichheit« zu ersetzen. Kennzeichnend für dieses Verständnis ist die Konstruktion eines Gegensatzes zwischen Freiheit und Gleichheit. Das ist freilich hanebüchen, weil der Sklave doch durch gleiche Rechte nicht unfrei wird, genauso wenig wie Frauen durch die Gleichberechtigung. Erst nach der Erringung der Gleichheit war schließlich Pri-

---

110 Jan Goebel, Martin Gornig und Hartmut Häußermann: »Polarisierung der Einkommen: Die Mittelschicht verliert«, in *DIW-Wochenbericht*, 24/2010, S. 2 ff.

vateigentum aufgrund eigener Leistung anstelle der feudalen Privilegien möglich. Auch die Marktwirtschaft ist deshalb elementar auf Gleichheit angewiesen.[111] Gleichheit ist vielmehr die unbedingte Voraussetzung der Freiheit, wie man erschöpfend schon bei dem Urvater der Liberalen Adam Smith nachlesen kann, der ja ein erklärter Gegner der Sklaverei war. Für ihn war nicht ohne Grund deshalb auch die Verteilungsgerechtigkeit der Dreh- und Angelpunkt seiner Überlegungen: »*Wachstum, Beschäftigung, Inflationsbekämpfung und Außenhandel dienen als Instrumente, das Ziel tendenzieller Gleichverteilung zu erreichen. Gegenüber dieser komplexen, ausgefeilten Verteilungstheorie bleibt die heutige Volkswirtschaftslehre weit zurück*«, bringt Wikipedia die Smith'sche Verteilungslehre auf den Punkt.[112] Wer aber den Zusammenhang zwischen Gleichheit und Freiheit nicht versteht, für den ist auch der Zusammenhang von Freiheit und Verantwortung unbegreiflich, der für die Moderne seit Immanuel Kant prägend und seit der Französischen Revolution grundlegend ist. »*Die Freiheit besteht darin, alles tun zu dürfen, was einem anderen nicht schadet*«, heißt es in Artikel 4 der Erklärung der Menschen- und Bürgerrechte vom 26. August 1789. Das »sittliche Grundgesetz« Immanuel Kants

---

[111] Dieter Suhr: *Gleiche Freiheit*, Augsburg 1988, S. 5 ff.
[112] http://de.wikipedia.org/wiki/Verteilungstheorie.

(1724–1804), zusammengefasst in seinem »kategorischen Imperativ«, fand hier sein historisches Echo: »*Handle so, dass die Maxime deines Willens jederzeit zugleich als Prinzip einer allgemeinen Gesetzgebung gelten kann!*« Kurz: Freiheit ist Verantwortung. Diese Verbindung von Gleichheit, Freiheit und Verantwortung ist das Markenzeichen des Liberalismus. In der deutschen Geschichte war es die SPD, die dem deutschen Ständestaat Freiheit durch Gleichheit abgerungen hat. In Meyers *Großem Konversations-Lexikon* aus der Kaiserzeit, sechste Auflage von 1909, beispielsweise kann man das unter »Liberalismus« nachlesen: »*Bezeichnung der dem Fortschritt huldigenden Parteirichtung. Das Extrem des Liberalismus ist der Radikalismus, die Umsturz-Partei (siehe Sozialdemokratie).*«

Dass Gerhard Schröder ausgerechnet bei der »Festveranstaltung 125 Jahre Vereinigungs-Congress der Lassalleaner und der Eisenacher« am 20. Mai 2000 in Gotha den Abschied vom Gleichheitsprinzip im Sinne einer Umverteilung von oben nach unten und dessen Ersetzung durch »Chancengleichheit« als neues Ideal verkündete, ist vor diesem Hintergrund deshalb mehr als nur eine historische Pointe. Denn der Vorsitzende der SPD reihte sich damit in den Chor der Staatsverächter ein, die mit der These des Gegensatzes von Gleichheit und Freiheit so-

wie der überbordenden und die Wettbewerbsfä-
higkeit der Wirtschaft lähmenden Kosten den
Sozialstaat denunzierten.

KAPITEL 6

Vom Unsinn der Debatte über die Kosten des Sozialstaats – und was sich dahinter verbirgt

Steuerhinterziehung ist Staatsverachtung, und deshalb wundert es nicht, dass es ein Steuerhinterzieher war, der den Sozialstaat mit der These frontal anging, er sei für Massenarbeitslosigkeit, fehlendes Wirtschaftswachstum und Staatsverschuldung verantwortlich. Es war Otto Graf Lambsdorff, genannt der »Marktgraf«, der mit seinem Pamphlet *Für eine Politik zur Überwindung der Wachstumsschwäche und zur Bekämpfung der Arbeitslosigkeit* diese Debatte am 9. September 1982 eröffnete. Damals hatten in den USA Ronald Reagan und in Großbritannien Margret Thatcher den neuen Kurs der Wirtschaftspolitik in Richtung Deregulierung der Finanz- und Arbeitsmärkte sowie des Abbaus sozialer Umverteilung vorgemacht. Lambsdorff war in Bonn Bundeswirtschaftsminister und fand das gut. Sein Papier wurde zum Scheidungsbrief der sozialliberalen Koalition unter Helmut Schmidt;

am 17. September 1982 verließ er das Kabinett und wechselte unter großen Turbulenzen, welche die »F.D.P.« – die »Pünktchenpartei« – fast zerrissen, am 4. Oktober 1982 als Wirtschaftsminister in die konservativ-liberale Regierungskoalition unter Helmut Kohl. Als die IG Metall dann 1984 mit einem großen Streik die 35-Stunden-Woche durchsetzen wollte, kam es zur ersten Machtprobe mit den Gewerkschaften.[113] Lambsdorff konnte den Kampf allerdings nicht zu Ende durchfechten, denn er musste am 27. Juni 1984 zurücktreten, nachdem vor dem Bonner Landgericht die Anklage gegen ihn wegen Bestechlichkeit und Steuerhinterziehung zugelassen worden war; rechtskräftig verurteilt wurde er, unter anderem zusammen mit seinem Vorgänger im Amt Hans Friderichs, am Ende wegen Steuerhinterziehung. Bis 1993 blieb er Parteivorsitzender der FDP und war bis 1997 wirtschaftspolitischer Sprecher der FDP-Bundestagsfraktion. Erst 1998, als Gerhard Schröder seine Kanzlerschaft antrat, schied er aus dem Bundestag aus.

---

[113] Der Präsident der Bundesanstalt für Arbeit Franke untersagte die Zahlung von Lohnersatzleistungen an mittelbar vom Streik betroffene Arbeitnehmer (»Franke-Erlass«), unterlag aber vor Gericht. (Anmerkung: Der Verfasser war damals am Hessischen Landessozialgericht als Berichterstatter beteiligt.)

Warum bekam Klaus Förster
eigentlich keinen Orden?

Erinnert sich eigentlich noch jemand an Klaus Förster? Wenn heute die Rede davon ist, dass Milliardenvermögen vor dem Fiskus in »Offshore-Steueroasen« in Sicherheit gebracht wurden, Bayern 160 Steuerfahnder zu wenig hat oder der hessische Finanzminister eifrige Steuerfahnder durch den Amtsarzt stilllegen ließ, muss man sich an ihn erinnern. Denn er brachte als Steuerfahnder 1981 den Parteispendenskandal ins Rollen, der als »Flick-Skandal« in die Annalen einging. Bei den Patres des Missionshauses Sankt Augustin der Steyler Missionare war er auf eine Geldwaschanlage gestoßen, und als er diese Spur weiterverfolgte, endete sie schließlich in der Vorstandszentrale des Flick-Konzerns, der zwischen 1969 und 1980 mit mehr als 25 Millionen DM aus schwarzen Kassen Politiker aller in den siebziger Jahren im Bundestag vertretenen Parteien (CDU/CSU, SPD und FDP) »geschmiert« hatte, wie später der Flick-Untersuchungsausschuss des Bundestags herausfand. Im Gegensatz zu seinen Vorgesetzten, die ihn mit aller Macht von seinen Ermittlungen abhalten wollten, nahm Förster offensichtlich seinen Amtseid ernst, den jeder Beamte zu leisten hat: *»Ich schwöre, das Grundgesetz und alle in der Bundesre-*

publik Deutschland geltenden Gesetze zu wahren und meine Amtspflichten gewissenhaft zu erfüllen.« Wer als Beamter Straftaten begeht, dem drohen besonders hohe Strafen. Aus gutem Grund, denn es geht um die Interessen der Allgemeinheit. Deshalb ist hoheitliches Handeln auch nur Beamten erlaubt. Dazu gehört nicht zuletzt die Ausarbeitung von Gesetzentwürfen, was uns ebenfalls noch beschäftigen wird.

Staatsverachtung: Ehrenwort über Gesetz

Man hat es ja fast schon vergessen, wer damals alles zu den Leuten gehörte, die die Axt an den Sozialstaat legen wollten. Aus den penibel geführten Unterlagen des Konzernbuchhalters Rudolf Diehl gingen unter anderem hohe Zahlungen an die Parteivorsitzenden Franz Josef Strauß (CSU) und Helmut Kohl (CDU) sowie die FDP-Politiker Hans Friderichs, Otto Graf Lambsdorff und Walter Scheel hervor. Unter der Ägide der Wirtschaftsminister Hans Friderichs (früher Vorstandsmitglied der Dresdner Bank sowie Aufsichtsratsmitglied bei Goldman Sachs) und Graf Lambsdorff wurde dem Flick-Konzern für den Verkauf seiner Aktien der Daimler-Benz AG an die Deutsche Bank eine Steuerbefreiung nach Paragraf 6 b des Einkommensteuergesetzes im Wert von 965 Millionen DM zuteil. Ähnliche Abgründe der Parteienfinanzierung wurden schließlich in der »CDU-Schwarzgeldaffäre« (1999–2002) sowie fast zeitgleich im Parteispendenskandal der hessischen CDU sichtbar. Alle Skandale endeten für viele namhafte Politiker, mehrere davon im Ministerrang, mit strafrechtlichen Verurteilungen. Auch Bundeskanzler a. D. Helmut Kohl, der sein »Ehrenwort« gegenüber anonymen Spendern über das Gesetz stellte, musste nach einem »Deal« beim Landgericht Bonn für die Einstellung des Strafverfahrens im März 2001 eine Geldbuße von 300 000 DM zahlen. Er wie seine Kabinettsmitglieder und auch die verurteilten Landesminister haben den Amtseid für Regierungsmitglieder damit gebrochen: »*Ich schwöre, dass ich meine Kraft dem Wohle des deutschen Volkes widmen, seinen Nutzen mehren, Schaden von ihm wenden, das Grundgesetz und die Gesetze des Bundes wahren und verteidigen, meine Pflichten gewissenhaft erfüllen und Gerechtigkeit gegen jedermann üben werde.*« Das Kürzel BRD bekam nicht nur bei den Kabarettisten eine neue Bedeutung: Bananenrepublik Deutschland. Der Steuerfahnder Förster erhielt übrigens nie einen Orden, weil er doch nur seine Pflicht getan habe …

Man muss sich daran erinnern, dass es diese Riege von Staatsverächtern war, in deren Regie die deutsche Kultur einer engen Verbindung von Gleichheit, Freiheit und Verantwortung, genannt »der Sozialstaat«, unter Dauerfeuer genommen wurde, wenn man besser verstehen will, was eigentlich hinter der scheinbar so plausiblen Debatte über die Kosten des Sozialstaats stand und immer noch steht. Die Öffentlichkeit wurde dabei auf allen Kanälen und in allen Blättern mit der These bombardiert, der Sozialstaat sei ein Risiko für den Wirtschaftsstandort. Wer den Kuchen verteilen wolle, müsse ihn zuerst backen. Und je größer er sei, desto mehr könne verteilt werden. Erst komme es auf die Wirtschaft an, soll mit diesem Bild gesagt werden, und dann kann man sich um das Soziale kümmern. Je mehr die Wirtschaft wächst, desto besser für den Sozialstaat – ist doch logisch! Norbert Walter, der inzwischen verstorbene einstige Chefvolkswirt der Deutschen Bank und Dauergast in deutschen Talkshows, wandelte gar das biblische Bild von den Spatzen, die nicht säen und nicht ernten und vom Herrgott doch ernährt werden, um: Je mehr Hafer man den Brauereipferden gäbe, desto mehr bliebe in den Pferdeäpfeln für die Spatzen übrig. Seit dem Lambsdorff-Papier gilt es als ausgemacht, dass ein teurer Sozialstaat ein Klotz am Bein der Wirtschaft sei und ihre Dynamik bremse.

Der Sozialstaat als Schwungrad auf der Achse von Freiheit und Verantwortung

In Wahrheit, so lehrt uns nicht nur die eigene Geschichte, sondern auch die Wissenschaft, ist es umgekehrt: Das legendäre Wirtschaftswunder kam nicht trotz, sondern wegen der sozialstaatlichen Umverteilung zustande. Deutschland lag nach dem Zweiten Weltkrieg in Trümmern. Zwanzig von fünfzig Millionen Menschen in Westdeutschland waren kriegsversehrt, ausgebombt, vertrieben, Witwen oder Waisen – 40 Prozent der Bevölkerung brauchten Hilfe. Ganze Jahrgänge junger Menschen waren im Krieg ums Leben gekommen und fehlten beim Wiederaufbau ebenso wie bei der Versorgung ihrer Eltern und Kinder. Viele Industrieanlagen, Wohngebäude und wesentliche Teile der Infrastruktur waren zerstört. Es herrschte Massenarbeitslosigkeit. Dann kam die Währungsreform, am 21. Juni 1948. Das Grundgesetz wurde ein knappes Jahr später in Kraft gesetzt und damit die Bundesrepublik Deutschland gegründet, am 23. Mai 1949. Und zehn Jahre später schon hatte das Land wieder den Anschluss an die Weltwirtschaftsspitze gefunden. Das Realeinkommen der durchschnittlichen Arbeiterfamilie überschritt bereits 1950 das Vorkriegsniveau. Zählte das

Land noch zu Anfang der fünfziger Jahre über zwei Millionen Arbeitslose, mussten trotz der Zuwanderung Hunderttausender aus den ehemaligen deutschen Ostgebieten und der DDR schon 1955 Gastarbeiter angeworben werden. Der Wohnungsbestand erreichte bereits 1954 wieder den Umfang von 1938; nach Kriegsende hatte man für den Wiederaufbau mit vierzig bis fünfzig Jahren gerechnet.

Es waren zuallererst das hervorragende »Humanvermögen«, die Menschen und ihre vergleichsweise sehr gute Ausbildung, und sodann die soziale Marktwirtschaft, denen dieses Wirtschaftswunder zu verdanken war. Ihr Markenzeichen war die strikte Bindung wirtschaftlicher Freiheit an soziale Verantwortung. Man war sich sehr bewusst, dass die tiefen Ursachen der soeben durchgemachten Menschheitskatastrophe in der Verteilungsfrage gelegen hatten. Die Länderverfassungen von damals, mit denen man die Ursachen von Not und Krieg ein für alle Mal ausrotten wollte, legen davon Zeugnis ab. Sie betonen vor allem die Bedeutung des Gleichheitsprinzips und die Verhinderung wirtschaftlicher Machtkonzentrationen ebenso wie sozialer Ungleichgewichte.

In der Bayerischen Verfassung von 1946 liest sich das zum Beispiel so: »*Die gesamte wirtschaftliche Tätigkeit dient dem Gemeinwohl, insbesondere* der Gewährleistung eines menschenwürdigen Daseins für alle und der allmählichen Erhöhung der Lebenshaltung aller Volksschichten (Art. 151 Abs. 1). Innerhalb dieser Zwecke gilt Vertragsfreiheit nach Maßgabe des Gesetzes. Die wirtschaftliche Betätigung des Einzelnen findet ihre Grenze in der Rücksicht auf den Nächsten und auf die sittlichen Forderungen des Gemeinwohls. Gemeinschädliche und unsittliche Rechtsgeschäfte, insbesonders alle wirtschaftlichen Ausbeutungsverträge sind rechtswidrig und nichtig (Abs. 2). Die menschliche Arbeitskraft ist als wertvollstes wirtschaftliches Gut eines Volkes gegen Ausbeutung geschützt (Art. 167 Abs. 1). Jede ehrliche Arbeit hat den gleichen sittlichen Wert und Anspruch auf angemessenes Entgelt (Art. 168 Abs. 1). Arbeitsloses Einkommen arbeitsfähiger Personen wird nach Maßgabe der Gesetze mit Sondersteuern belegt (Abs. 2). Verbrauchssteuern und Besitzsteuern müssen zueinander in einem angemessenen Verhältnis stehen (Art. 123 Abs. 2). Die Erbschaftssteuer dient auch dem Zweck, die Ansammlung von Riesenvermögen in den Händen Einzelner zu verhindern (Abs. 3). Steigerungen des Bodenwertes, die ohne besonderen Arbeits- oder Kapitalaufwand des Eigentümers entstehen, sind für die Allgemeinheit nutzbar zu machen (Art. 161 Abs. 2).«[114]

---

[114] Dazu im Einzelnen Jürgen Borchert: »Warum man attac erfinden müsste …«, in attac (Hg.): *Eine andere Welt ist möglich!*, Hamburg 2001.

Worin sich dieses neue Denken für die neue Zeit ausdrückte und wie weit es damals schon über den nationalen Tellerrand hinausreichte, verdeutlicht das Credo von Franz Greiß, dem damaligen Präsidenten der Industrie- und Handelskammer Köln sowie Vorsitzendenden des einflussreichen Bundes katholischer Unternehmer (BKU): »*Es gibt keinen einzelnen Vorteil mehr, den einzelne Menschen, einzelne Stände, einzelne Völker oder einzelne Kontinente für sich zum Schaden anderer erzwingen oder erschleichen könnten. Vorteil wird es fortan nur noch geben als Teilhabe am gemeinsamen Vorteil aller!*«[115] Dringenden Handlungsbedarf erkannte man bei wachsender Ungleichheit: »*Ohne Zweifel führt die marktwirtschaftliche Einkommensbildung zu Einkommensverschiedenheiten, die uns sozial unerwünscht erscheinen*«, weshalb Alfred Müller-Armack, der diese Konzeption entscheidend prägte und im Wirtschaftsministerium unter Ludwig Erhard Staatssekretär war, sich auch mit seinem Vorschlag durchsetzte, »*einen direkten Einkommensaus-*

---

[115] Nach Wilfrid Schreiber: »Existenzsicherheit in der industriellen Entwicklung«, in Erik Boettcher (Hg.): *Sozialpolitik und Sozialreform*, Tübingen 1957, S.75 ff. (105). Es überrascht deshalb auch nicht, dass es der BKU war, der Kanzler Adenauer dazu bewegen konnte, bei der Rentenreform 1957 das damals revolutionäre Konzept der »Produktivitätsrente« des BKU-Geschäftsführers Wilfrid Schreiber umzusetzen, welches die Alten solidarisch an den Produktivitätsfortschritten teilhaben ließ.

gleich zwischen hohen und niedrigen Einkommen durch eine unmittelbare Einkommensumleitung vorzunehmen«. Tatsächlich hielt er Umverteilung durch steuerliche Belastung der Wohlhabenden sogar für marktkonform: »Wenn auf dem Weg der Besteuerung die höheren Einkommen gekürzt werden und die einlaufenden Beträge etwa in Form von direkten Kinderbeihilfen, Mietzuschüssen, Wohnungsbauzuschüssen weitergeleitet werden, liegt geradezu der Idealfall eines marktgerechten Eingriffs vor«.[116] Konsens bestand deshalb auch über die nivellierende, sozialpolitische Funktion der Einkommensteuer, »weil darin politisch die beste Garantie für die innere und äußere Freiheit erblickt wird … Die demokratische Gesellschaftsordnung würde sich am Ende selbst aufheben, wenn sie auf das Ziel einer solchen Nivellierung verzichten wollte.«[117]

Auch der wichtigste Theoretiker der für die soziale Marktwirtschaft richtungsweisenden »Freiburger Schule«, Walter Eucken, warnte vor der Gefahr, dass das marktwirtschaftliche System zu einer Benachteiligung der Armen führen könnte, und schlug den Ausgleich über die progressive Steuergesetzgebung vor: »Die Ungleichheit der

---

[116] Alfred Müller-Armack: *Wirtschaftslenkung und Marktwirtschaft*, Hamburg 1947, S. 109.

[117] Heinrich Troeger (Hg.): *Diskussionsbeiträge des Arbeitsausschusses für die Große Steuerreform. Ein Bericht an den Finanzausschuss des Bundesrats*, Stuttgart 1954, S. 4, 7.

Einkommen führt dahin, dass die Produktion von Luxusprodukten bereits erfolgt, wenn dringende Bedürfnisse von Haushalten mit geringem Einkommen noch Befriedigung verlangen.«[118] Tatsächlich wies der Tarif der Einkommensteuer von 1948 bis 1953, bei aller prinzipiellen Ablehnung eines »Fiskalsozialismus«,[119] den Spitzensteuersatz von sage und schreibe 95 Prozent aus, der hier bereits vorgestellt wurde.

Wissenschaftlich erwiesen: Ungleichheit schadet der Wirtschaft

Die starke Betonung der Verteilungsfrage war somit der Schlüssel für das Wirtschaftswunder. Nicht nur der historische Erfolg gibt dieser These recht, sondern auch die Wissenschaft. Der Ansatz der ordoliberalen Wirtschaftslenker, wie er in die Praxis der sozialen Marktwirtschaft übersetzt wurde, entsprach auch dem Stand der Wirtschaftswissenschaften. In den vierziger Jahren hatte der Norweger Trygve Haavelmo nämlich den Nachweis dafür erbracht, dass die Kraftre-

---

[118] Walter Eucken: *Grundsätze der Wirtschaftspolitik*, Tübingen 1959, 6. Aufl. 1990, S. 300.

[119] So Wilhelm Röpke: »Die Nationalökonomie des ›New Frontier‹«, in *ORDO – Jahrbuch für die Ordnung von Wirtschaft und Gesellschaft*, Band 14, Düsseldorf 1963, S. 79 ff. (100).

serven einer Volkswirtschaft immer im untersten Drittel der Einkommenspyramide stecken und deren Stärkung für Hub und Schub der volkswirtschaftlichen Aggregate Investition, Konsum und Staatsverbrauch entscheidend ist. Seine Einsichten beeinflussten nicht zuletzt auch John Maynard Keynes, den viele für den größten Ökonomen des 20. Jahrhunderts halten. Anders als Keynes, der 1946 im Alter von 62 Jahren starb, lebte Haavelmo lang genug, um 1989 noch den Nobelpreis für Wirtschaft annehmen zu können. Dass Gleichheit wirtschaftliche Dynamik nicht behindert, sondern sie ganz im Gegenteil antreibt, ist auch das Ergebnis von Forschungen, die der Schwede Thorsten Persson und der Italiener Guido Tabellini 1992 in einem vielbeachteten Aufsatz in der führenden Ökonomenzeitschrift *American Economic Review* publizierten: »Ist Ungleichheit schädlich für Wachstum? Wir denken, ja.«[120]

Dass Ungleichheit der Wirtschaft schadet, leuchtet auch unmittelbar ein. Es ist ersichtlich sinnlos, dort Einkommensüberhänge entstehen

---

[120] Thorsten Persson und Guido Tabellini: »Is inequality harmful for growth?«, in *American Economic Review*, 3/1992, S. 600 ff.; aktuell werden diese Einsichten im Zusammenhang der Griechenlandkrise unter dem Stichwort »Multiplikatoreneffekt« wiederentdeckt, siehe *Süddeutsche Zeitung*, 6. Juni 2013, »IWF gesteht Fehler bei Griechenland-Projekt ein«.

zu lassen, wo der Bedarf gering ist, und dort, wo der Bedarf hoch ist, zum Beispiel bei jungen Familien, durch Staatszugriff die Einkommen in den Mangelbereich zu drücken. Der Hub und Schub eines so konstruierten Motors kann niemals rundlaufen.

»Win-win« im Kaiserreich

Einen Beweis für die Richtigkeit dieser Schlussfolgerung liefert bereits die deutsche Wirtschaftsgeschichte in der zweiten Hälfte des 19. Jahrhunderts. Die kleinen deutschen Ständestaaten und später dann das Kaiserreich hinkten in ihrer Entwicklung unseren Nachbarländern damals deutlich hinterher. Dass aus diesem Liberalisierungsrückstand schließlich ein weltweit beachteter Modernisierungsvorsprung wurde, schlagartig fast, ist nicht zuletzt den Sozialdemokraten als treibender Kraft jener Jahre zu danken. Obwohl die von ihnen vertretene politische Klasse kaum 10 Prozent der Bevölkerung ausmachte, sah das Kaiserreich in den Sozialdemokraten nach dem Gothaer Vereinigungsparteitag 1875 die Hauptbedrohung und antwortete 1878 zunächst repressiv mit den Sozialistengesetzen, um dann jedoch 1881 mit der »Kaiserlichen Botschaft« und der Gründung der Sozialversicherungen 1883 bis 1889 eine rasante Kehrtwendung einzuleiten. Abgerundet wurde das Reformprojekt schließlich 1891 noch durch eine Totalreform der Einkommensteuer mit einem progressiven Tarif. Das war seinerzeit eine gewaltige Lastenumverteilung, denn der Arbeitgeberbeitrag ging bei seiner Einführung vollständig und der steuerfinanzierte Reichszuschuss von rund 40 Prozent der Renten zu größten Teilen zulasten der Unternehmer bzw. der »besitzenden Klasse«. Gegen den massiven Widerstand der herrschenden Stände und der Großbourgeoisie verordneten Reichskanzler Otto von Bismarck und Kaiser Wilhelm I. so dem Lande ein für damalige Verhältnisse gewaltiges Umverteilungsprogramm von oben nach unten. Sie hatten nicht nur begriffen, dass Existenzangst radikal macht, sondern auch, dass die neue Zeit neue Antworten brauchte: Innovation und Gerechtigkeit eben.

Die Maßnahmen erwiesen sich als goldrichtig. Der soziale Friede sorgte für Kalkulationssicherheit, und die breitere Verteilung der Kaufkraft wiederum führte zur Verstetigung der Nachfrage, worauf die einsetzende industrielle Massenproduktion zwingend angewiesen war. Über die steigenden Löhne kam dann ein selbsttragender Wachstumsprozess in Gang. Am Ende der Umverteilung von oben nach unten stand schließlich der politische Emanzipationsprozess von unten nach oben. Freiheit durch Gleichheit durch Brüderlichkeit: eine »Win-win-Situation« für alle. Das war das erste deutsche Wirtschaftswunder. Es wurde vor allem genutzt, um Bildung und Infrastruktur voranzutreiben. Noch heute unterstreichen überall im Lande die Prachtbauten der Schulen, Universitäten und Bahnhöfe deren damaligen Stellenwert. Deutschland wurde weltweit zum Maßstab für Modernität und Erfolg.

Selbstverständlich wird nun der Einwand kommen, der legendäre Erfolg der zwei Wirtschaftswunder sei unter der weltweiten Ordnung der Nationalökonomien zustande gekommen und könne für die heutigen Bedingungen mit ihrem Primat der entfesselten Finanzmärkte keine Geltung beanspruchen. Das mag sein, und sicher richtig ist auch, dass die dafür notwendige Ordnung von Freiheit und Verantwortung in der Anarchie der heutigen Weltfinanzwirtschaft nicht ohne weiteres zu erreichen ist. Der Fehler liegt dann aber nicht in der Verwirklichung von verantwortungsgebundener Freiheit, sondern in deren Abwesenheit. Eine Weltfinanz ohne Regeln und Verantwortung ist genauso unvereinbar mit einer zivilisierten Welt, wie dies die Mafia ist. Die Lektion, was für Verwüstungen eine entfesselte Finanzordnung anrichtet, lernen soeben die Euro-Krisenländer, und nichts spricht dafür, dass uns diese Lektion erspart bleibt. Der Erfolg der beiden deutschen Wirtschaftswunder ist nicht räumlich, sondern inhaltlich zu erklären, weshalb nichts dagegen spricht, dass das Erfolgsrezept nicht nur national, sondern genauso international funktioniert. Die sogenannten Finanzmärkte dienen der Menschheit genauso wenig wie die organisierte Kriminalität. Das ist der Fehler, und deshalb haben die harten Reformen bei ihnen anzusetzen, statt umgekehrt den Sozialstaat abzubauen.

Was »kostet« der Sozialstaat?

Mit einem Fachbeitrag unter diesem Titel schaltete sich 1982 der letzte seinerzeit noch lebende Gründervater des bundesdeutschen Sozialstaats, der 1890 geborene Oswald von Nell-Breuning, in die Debatte ein und wies nach, dass die These von den Kosten des Sozialstaats ökonomisch wie logisch unhaltbar ist. Denn von Kosten und Aufwand könne man sinnvoll nur sprechen, wenn man auch in der Lage sei, den Nutzen und Ertrag des Sozialstaats zu bilanzieren, der jedoch – Gesundheit, Sicherheit, Bildung, Kultur, Kreativität, Risikobereitschaft und so weiter – nicht quantifizierbar sei: »*Wenn aber die Aussage, die Wirtschaft sei für den Menschen da und nicht der Mensch für das Wohlergehen der Wirtschaft, keine nichtssagende Leerformel sein soll, dann bedeutet die Befriedigung des Bedarfs nicht nur der in der Wirtschaft produktiv tätigen aktiven Generation, sondern auch der noch nicht und der nicht mehr Aktiven nicht ›Kosten‹, die vom Ertrag der Wirtschaft abgehen oder ihren Erfolg schmälern, sondern erfüllt genau den Zweck der Wirtschaft … Sinnvollerweise kann die Frage, was unser Sozialstaat ›kostet‹, sich nur darauf beziehen, ob er uns das wert ist, was er uns kostet. Da sowohl die Sozialleistungen als auch ihre ›Kosten‹ nicht nur in Geld und Geldeswert bestehen und messbar sind, lassen sich weder die Aufwendungen (Kosten) noch die Erfolge (Erträge) quantifiziert auf einen Nenner bringen und miteinander vergleichen; eine Nutzen/Kosten-Analyse im ökonomischen Sinne lässt sich nicht erstellen. Der einzige gemeinsame Maßstab, in dem sowohl der Aufwand als auch der Ertrag im Ganzen sich messen und miteinander vergleichen lassen, ist der ethische Wertmaßstab der Solidarität. Wer diesen Maßstab nicht in sich trägt, für den ist der Sozialstaat und die Frage, was er ›kostet‹, sinnlos.«*[121]

Des Pudels Kern der Sozialstaatsdebatte, die mit dem Lambsdorff-Papier über uns kam und das Land wie eine Seuche erobert hat, ist also eine scharfe Kehrtwendung der Wirtschafts- und

---

[121] Oswald von Nell-Breuning: »Was ›kostet‹ der Sozialstaat?«, in *Sozialer Fortschritt (SF)*, 2/1982, S. 25–28.

Gesellschaftspolitik und der Abschied von den Grundsätzen der sozialen Marktwirtschaft. Deren Credo war die Wirtschaft im Dienste der Menschen. Nun sollte es umgekehrt sein. Wirtschaftliche Freiheit ohne Verantwortung wurde zum neuen Credo.

KAPITEL 7

Gesetze wie Kuckuckseier: Nicht nur der Sozialstaat wird verhökert

»Privat vor Staat« lautet eine der Parolen der sogenannten Liberalen von der FDP, die viele Jahre Regierungspolitik hierzulande mitgestaltet hat. Dahinter steht die Vorstellung, dass das Allgemeinwohl sich aus der Summe der Einzelinteressen ergebe. Das ist freilich naiv, weil nicht alle Einzelinteressen gleich stark, sondern einige besonders mächtig und besonders skrupellos sind. Dass der Blick in die Zukunft des Sozialstaates so düster ist, hat genau damit zu tun: mit der Dominanz mächtiger Wirtschaftsinteressen und ihrer Staatsverachtung sowie Politikern als Handlangern. Dass Deutschland heute ein Paradies für Milliardäre ist, deren Vermögen Jahr für Jahr ins Unvorstellbare wächst, gleichzeitig aber Arbeitnehmer seit zwanzig Jahren Nettolohnverluste hinnehmen müssen und auch in der Mittelschicht, vor allem bei Familien, Armut und Not und Verzweiflung wachsen, ist kein Schicksal, sondern das Resultat der Durchsetzung von

Einzelinteressen zu Lasten des Allgemeininteresses – von Politikversagen also.

Wenn wir uns heute über Griechenland aufregen, seine Korruption und elende Steuermoral, die nun den gewaltigsten Sozialabbau der jüngeren Geschichte auslösen und die Demokratie erschüttern, haben wir offenbar vergessen, dass in der Vergangenheit auch hierzulande nicht wenige verantwortliche Politiker in ähnlicher Weise aufgefallen sind und ihre Amtseide gebrochen haben. Sie gaben das Wohl der Republik dem Zugriff Privater preis und gefährden so die Demokratie.

Wie real diese Gefahr ist, verdeutlichen nicht nur die zahlreichen Entscheidungen des Bundesverfassungsgerichts zu den Maastricht-Verträgen und zur Euro-Krise, mit denen Mal für Mal die Wahrung der Rechte des Parlaments angemahnt werden musste, sondern auch die Tatsache, dass ganze Gesetzgebungskomplexe in einer Weise entstanden sind, die den Geboten der Rechtsstaatlichkeit und Demokratie hohnsprechen. Und letztendlich spricht deshalb nichts dafür, dass uns und dem Rest Europas das Schicksal Griechenlands oder Zyperns erspart bleiben wird.

Die Agenda 2010:
Ein Plagiat des Lambsdorff-Papiers

Es war dieser tiefe Sumpf und die endlose Kette von Skandalen, welche die Mehrheit der Bürger dann bei der Wahl 1998 die rot-grüne Alternative unter Bundeskanzler Gerhard Schröder wählen ließ. Angetreten waren die Sozialdemokraten unter dem Slogan »Innovation und Gerechtigkeit!«. Wie alle Umfragen damals ergaben, war Gerechtigkeit das, was sich die Mehrheit sehnlichst wünschte. Was sie bekamen, war allerdings etwas völlig anderes. Das wird Otto Graf Lambsdorff, der »Marktgraf«, sich nicht einmal im Traum vorgestellt haben, dass nämlich wesentliche Teile seiner von Linken, Sozialdemokraten und Gewerkschaften früher als »neoliberal« verteufelten Agenda ausgerechnet von einem sozialdemokratischen Bundeskanzler durchgesetzt würde – sogar noch in verschärfter Form! Das Lambsdorff-Papier und die Schröder'sche Agenda 2010 folgen der gleichen »Philosophie«, und sie kennzeichnet gleichermaßen der bestimmende Einfluss starker Einzelinteressen auf die Politik. »*Die Agenda 2010 setzt insbesondere arbeitgeberfreundliche angebotspolitische Ideen um*«, heißt es bei Wikipedia und erinnert damit an die wirtschaftspolitische Kehrtwende in den USA durch Reagan und in Großbritannien durch

Thatcher, die Lambsdorff 1982 ebenfalls schon nachvollziehen wollte. Gleichzeitig wird hier zum Ausdruck gebracht, wessen Interessen damit bedient wurden. Was Graf Lambsdorff als einer der Ersten dann auch nach der Wiedervereinigung verlangte, nämlich die Abkehr von der bisherigen »Umverteilungspolitik« und die »*Rückkehr zu mehr marktwirtschaftlichen Prinzipien und Grundsätzen*«, fand sich am Ende des Jahrzehnts bereits als roter Faden im »Schröder/Blair-Papier« vom 8. Juni 1999. Dieses Manifest verriet auch bereits, wohin es mit der Agenda 2010 gehen sollte, nämlich in die bereits vom Marktgrafen gewiesene Stärkung der Marktkräfte, Senkung der gesetzlichen Lohnnebenkosten und Förderung der Eigenverantwortung. In seiner Regierungserklärung vom 14. März 2003 nannte Schröder dann unter anderem »*die Verbesserung der Rahmenbedingungen für mehr Wachstum und für mehr Beschäftigung*« sowie den »*Umbau des Sozialstaates*« und dessen Modernisierung als Ziele – heute würde man die Agenda 2010 als »Lambsdorff-Plagiat« bezeichnen. Von seiner Partei erhielt Schröder auf ihrem Sonderparteitag am 1. Juni 2003 gleichwohl die Zustimmung von über 80 Prozent der Delegierten, und bei den Grünen waren es damals sogar rund 90 Prozent. Im weiteren Verlauf erfuhr der Kanzler seinerzeit auch die uneingeschränkte Unter-

stützung der FDP sowie der CDU/CSU. Letztere beteiligte sich sogar aktiv an der Gestaltung
des Konzepts.[122]

Angriff auf die Republik

Inzwischen wissen wir, dass der Spuk kollusiven
Zusammenwirkens zwischen Politik und Wirtschaft nach den Bestechungs- und Steuerhinter-
ziehungsskandalen der Jahre von 1970 bis 2002
keineswegs vorbei war, sondern nur andere und
ungleich gefährlichere Formen annahm. Wohin
die Reise im 21. Jahrhundert gehen müsse, hatte
der Vorstandsvorsitzende der Deutschen Bank
Rolf Breuer am 27. April 2000 in der *Zeit* öffentlich diktiert: »*Politik muss aber heute mehr denn je
auch mit Blick auf die Finanzmärkte formuliert
werden. Die berechtigten Interessen in- und auslän-
discher Investoren, der Wunsch der Finanzmarkt-
teilnehmer nach Rechtssicherheit und Stabilität
müssen respektiert werden … Wenn man so will,
haben die Finanzmärkte quasi als ›fünfte Gewalt‹
neben den Medien eine wichtige Wächterrolle über-
nommen. Wenn die Politik im 21. Jahrhundert in*

---

[122] Bei der entscheidenden Abstimmung im Deutschen Bundestag stimmten lediglich sechzehn Abgeordnete dagegen
(je sechs von SPD und Grünen, zwei von der CDU-
Fraktion und die beiden Abgeordneten der Linken).

diesem Sinn im Schlepptau der Finanzmärkte stünde, wäre dies vielleicht so schlecht nicht.« Dass die Interessen des internationalen Großkapitals fortan die Politik bestimmten, machten nicht nur die Regierungsjahre Gerhard Schröders, sondern elf Jahre später schließlich die Bemerkung der Bundeskanzlerin Angela Merkel[123] von der »marktkonformen Demokratie« klar, man würde nämlich *Wege finden, die parlamentarische Mitbestimmung so zu gestalten, dass sie trotzdem auch marktkonform ist, also dass sich auf den Märkten die entsprechenden Signale ergeben«*. Zu diesem Zeitpunkt hatte die fünfte Gewalt ihre Ziele aber längst erreicht: Die Finanzmärkte und der Arbeitsmarkt waren dereguliert, die Solidarsysteme Renten- und Krankenversicherung sturmreif geschossen, ein Niedriglohnsektor eingerichtet, die Unternehmens- und Einkommensteuern gesenkt und vieles mehr.

Im Jahr 2006 wurde durch Hinweise von Lobbycontrol e. V. und einen Bericht des Fernsehmagazins »Monitor« bekannt, dass in vielen Bundesministerien externe Mitarbeiter unter anderem aus der Finanzindustrie und Wirtschaftsverbänden tätig waren. Die dadurch veranlasste Sonderprüfung durch den Bundesrechnungshof förderte

---

[123] Die, wie bekannt wurde, für den Breuer-Nachfolger Ackermann in ihrem Amtssitz die Feier zu dessen sechzigstem Geburtstag ausrichtete.

ausweislich des »*Berichts an den Haushaltsaus-
schuss des Deutschen Bundestages nach § 88 Abs. 2
BHO über die Mitarbeit von Beschäftigten aus Verbänden und Unternehmen in obersten Bundesbehörden – Gz.: 15 – 2007 – 987/VIII – 2007-10
26 Bonn, 25.03.2008*« zutage, dass man im ge-
prüften Zeitraum von 2004 bis 2006 in allen
Bundesministerien auf 88 bis 106 Fälle externer
Mitarbeit, teilweise mit einer Beschäftigungsdau-
er von bis zu fünf Jahren gestoßen sei. Wörtlich
(S. 7) heißt es: »*In mehr als 60 Prozent der Fälle
trugen die obersten Bundesbehörden die Kosten des
Einsatzes nicht oder nur im geringen Umfang. Damit entstand ein Abhängigkeitsverhältnis, das sich
in einzelnen vom Bundesrechnungshof untersuchten
Fällen in offenen Appellen der Verwaltung an die
›Großzügigkeit‹ entsendender Unternehmen äußer-
te.*« Und wenige Absätze weiter: »*Das Ziel, Fachwissen externer Stellen zu nutzen, wurde von den
befragten Bundesministerien am häufigsten als Mo-
tiv für den Einsatz Externer genannt. Die Wissens-
defizite konzentrierten sich in den vom Bundesrechnungshof untersuchten Fällen auf Bereiche, in denen
besonders komplexe technische, rechtliche oder wirtschaftliche Rahmenbedingungen zu beachten waren. In einer Reihe von untersuchten Fällen war der
Bedarf an dem spezifischen Fachwissen deutlich erkennbar. In diesen Fällen bestand aber die Gefahr,
dass oberste Bundesbehörden auf Dauer nicht in der*

Lage waren, spezifische Sachverhalte durch eigene Beschäftigte beurteilen zu können und damit auch den Einsatz externer Beschäftigter zielgerecht zu steuern und in angemessener Weise zu überwachen. Externe Beschäftigte waren auch in Tätigkeitsfeldern eingesetzt, die hinsichtlich ihrer politischen Bedeutung, ihres Zugangs zu internen Informationen oder ihrer Nähe zu den Interessenschwerpunkten der entsendenden Stelle eine herausgehobene Position hatten. Sie waren auch an der Erarbeitung von Gesetzes-/Verordnungsentwürfen, sonstigen Regelungen, an Vergabeverfahren und an Leitungsvorlagen beteiligt, außerdem wirkten sie bei der Außenvertretung der Bundesregierung mit; in wenigen Einzelfällen wurden zeitweilig Führungsfunktionen wahrgenommen. In diesen Bereichen waren besondere Einflussmöglichkeiten mit erheblicher Tragweite erkennbar, die nach Auffassung des Bundesrechnungshofes auf ein erhöhtes Risikopotenzial hinweisen.«

Aus seiner Kritik unter den Aspekten des Demokratie- und des Rechtsstaatsprinzips machte der Bundesrechnungshof kein Hehl. Zudem beinhalte die Verletzung der rechtsstaatlichen Gebote der Unbefangenheit und Neutralität auch das Risiko, dass das Handeln der Verwaltung das Interesse der Allgemeinheit nicht in dem gebotenen Umfang berücksichtige, durch Interessenkollisionen beeinträchtigt werde sowie rechtmäßige, transparente Entscheidungsprozesse erschwert würden und es im Ergebnis zu wirtschaftlichen Nachteilen für Staat und Bürger komme, welche die Glaubwürdigkeit und damit auch die Wirksamkeit staatlicher Maßnahmen schwäche.

Damit stellt der Bundesrechnungshof nichts anderes fest, als dass das Allgemeinwohl mit Dynamit unterminiert ist. Denn die so zustande gekommenen Gesetze gelten weiter. Gerade das Argument, wegen der Komplexität der Gesetzgebungsfragen sei externer Sachverstand nötig, beweist dabei, dass die Lunte bereits brennt. Denn wenn selbst die in den jeweiligen Fachgebieten der Ministerien in voller Breite und über viele Jahre hervorragend ausgebildete Fachbeamtenschaft die Dinge nicht mehr verstehen sollte, verstehen es Bürger und Abgeordnete erst recht nicht mehr. Dann ist aber die Res publica – der transparente demokratische Staat mit seinen öffentlich verhandelten Entscheidungen – am Ende.

Das Outsourcing der Gesetzgebung

Nach dem Bericht endete die Mitarbeit Externer offenbar schlagartig. Das heißt aber keineswegs, dass wir seitdem eine saubere Gesetzgebung hätten. Denn durch eine Anfrage der Bundestagsfraktion der Linken wurde bekannt, dass wesentliche Aufgaben der Gesetzgebung, nämlich die der hierfür zuständigen und per Eid auf das Gemeinwohl verpflichteten Fachbeamten in den Ministerien, nun ausgelagert und außerhalb der Ministerien extern bearbeitet wurden. Allein im Jahr 2009 wurden sechzehn Gesetze verkündet, an denen Externe mitgewirkt haben. Im Zeitraum von 1990 bis 1999 war es gerade mal ein Gesetz. Mehrfach wurden Anwaltskanzleien betraut, zu deren Mandanten führende Wirtschaftsunternehmen und Verbände zählen. So hat beispielsweise die international tätige Anwaltskanzlei Freshfields am Finanzmarktstabilisierungsgesetz vom Oktober 2008 und dessen Ergänzung im Februar 2009 und Juli 2009 mitgewirkt, das unter anderem die Hypo Real Estate betraf; von dieser hieß es jedoch, sie sei eine Mandantin der Kanzlei. Wie stark das endgültige Gesetz aber letztlich davon beeinflusst wurde, bleibt zwar im Unklaren, bekannt ist aber, dass auch zahlreiche andere Banken zu den Kunden der Kanzlei gehören. Insgesamt wendeten die Ministerien über 4 Millionen Euro für die Mithilfe Externer an Gesetzen auf. Nicht öffentlich zugänglich ist dabei indes die Antwort auf die spannendste Frage, welche Honorare nämlich das Bundeswirtschaftsministerium und das Finanzministerium den beteiligten Anwaltskanzleien für das Mitwirken an ihren Gesetzen zahlten. In der Antwort der Bundesregierung vom 26. Oktober 2009 auf die Anfrage der Linken sind nämlich genau diese Angaben, welche die für die Öffentlichkeit interessantesten und der Sache nach wesentlichsten sein dürften, geschwärzt: »*Die gezahlten Honorare ergeben sich aus der beigefügten Anlage 2. Die Angaben erfolgen durchgehend in Euro. Die Angaben des Bundesministeriums der Finanzen (BMF) und des Bundesministeriums für Wirtschaft und Technologie sind als VS – Vertraulich eingestuft.*«[124]

Nachdem wohl wegen der Hartnäckigkeit der Linken-Fraktion, die wiederholt in die Abgründe hineinleuchten wollte, auch diese Form des Outsourcings politisch zu ungemütlich wurde, hat man sich offenbar wieder etwas Neues einfallen lassen. Im März 2013 wurde nämlich enttarnt, dass Gesetzentwürfe in Brüssel und Berlin zentrale Formulierungen unmittelbar aus nicht öffentlichen Lobbyistenpapieren übernahmen. Man darf also gespannt sein, wie es weitergeht, und vor allem, wie lange sich die Bürger diesen Ausverkauf des Gemeinwohls an Partikularinteressen von ihren Repräsentanten noch gefallen lassen. Mehr als zwei Drittel der Bundesbürger,

---

[124] BT-Drucksache 16/14133 vom 26. Oktober 2009.

meldet Transparency International, gehen bereits von einem wachsenden Korruptionsproblem aus, und 140 Länder, meldete die *Süddeutsche Zeitung*, haben die UN-Konvention gegen Korruption (Uncac) unterzeichnet. »*Deutschland ist nicht darunter und findet sich in Gesellschaft mit Ländern wie Syrien oder Sudan.*«[125]

Noch ganz sauber? Dienstliches und Außerdienstliches im Zwielicht

Das Vertrauen der Bürger in die Integrität der Exekutive wird aber nicht nur durch diese rechtswidrige Art und Weise der Gesetzgebung untergraben, sondern mindestens ebenso durch die Verflechtungen von Amtsträgern – auch von Amtsträgern a. D. – mit den Verbänden und Unternehmen, gegenüber deren Interessen sie die des Staates zu wahren haben. Ob Walter Riester, der nach seiner Abdankung aus dem Minister-

---

[125] Johannes Kuhn: »Politik und Transparenz. Was Deutschland von der Welt lernen kann«, in *Süddeutsche Zeitung*, 8. Oktober 2012. Spektakulär zuletzt der Kauf der EnBW-Anteile von der Électricité de France (EDF) durch den vormaligen baden-württembergischen Ministerpräsidenten Stefan Mappus, der den Landtag verfassungswidrig übergangen hat und gegen den laut Wikipedia inzwischen die Staatsanwaltschaft ermittelt. Siehe auch Hartmann: *Soziale Ungleichheit – Kein Thema für Eliten?*, a. a. O., S. 189 f.

amt zum Nebentätigkeitskönig des Bundestags wurde, über den Bundesbankpräsidenten a. D. Hans Tietmeyer, der erst in den Aufsichtsrat der Deutschen Pfandbriefanstalt und sodann in den der Hypo Real Estate wechselte, oder Wolfgang Clement, federführender Minister bei den Hartz-Reformen, der anschließend auf der Gehaltsliste des weltweit führenden Leiharbeitsunternehmens Adecco auftauchte, bis hin zu den Honoraren des Exfinanzministers und nunmehrigen Kanzlerkandidaten Steinbrück, der in seiner Zeit als Finanzminister im *Spiegel*-Interview 2006 den »Heuschrecken« huldigte: »*Hedgefonds sind ein Segen für jede Volkswirtschaft.*«[126]

Für sie alle, die den Beamten- oder Ministereid geschworen haben, gilt aus Sicht der Bürger aber kategorisch: Staat vor privat. Denn dafür wurden sie gewählt, und es sind ihre dienstlich erworbenen Kenntnisse, Erfahrungen und Beziehungen, die sie an Private verhökern.

---

[126] *Der Spiegel*, 39/2006, S. 92.

Wer und was steckt hinter der »Riester-Reform«?

Besonders intensiv waren die Kontakte zwischen der Finanzbranche und Politikern bei der Rentenreform 2001, welche die »Riester-Rente« brachte. Hier ergänzten sich vitale Interessen von Regierungspolitik und Wirtschaft. Auf Seiten der Finanzdienstleister waren es vor allen Dingen die Lebensversicherer, die wegen der Abnahme des Neukundengeschäfts in Schieflage gerieten. Dies führte im Jahr 2002 zur Gründung der Protektor AG als Auffanggesellschaft der Versicherungsbranche, um Kunden vor Pleiten zu schützen. Anlass war unter anderem die unmittelbar bevorstehende Insolvenz der Mannheimer Lebensversicherung AG, die von Protektor dann auch aufgefangen wurde. Auf der anderen Seite geriet der Bundeshaushalt infolge des 1992 mit der Rentenreform 1989/92 in Kraft getretenen Ausgleichsmechanismus, der bei Erhöhungen des Rentenbeitragssatzes automatisch auch die proportionale Erhöhung des Bundeszuschusses erzwang, zunehmend in Nöte. Ohnehin belief sich der Bundeszuschuss schon auf etwa ein Drittel des Bundeshaushaltes, und der Beitragssatz zur Rentenversicherung, der 1989 bei 18,7 Prozent lag, sprang 1997/98 erstmals über die 20-Prozent-Marke.

Es lag deshalb nahe, nach Wegen aus dem Beitragsanstieg zu suchen und mit dem Altersvermögensgesetz durch Absenkung des Rentenniveaus und Eröffnung geförderter Eigenvorsorge aus der Not scheinbar eine Tugend zu machen, nachdem die Rentenversicherung bereits eine ganze Dekade wegen ihrer vermeintlichen Demografieanfälligkeit und Renditeschwäche denunziert worden war. Die Ersparnis für den Bundeshaushalt dürfte seitdem schätzungsweise 10 bis 12 Milliarden Euro pro Jahr ausmachen. Genaueres war bei den kurzfristigen Recherchen zu diesem Buch nicht herauszufinden. Da die »Riesterei« den Steuerzahler laut Wikipedia seit 2002 insgesamt deutlich weniger als 10 Milliarden Euro kostete, dürften sich die »Gewinne« für den Bundeshaushalt auf über 100 Milliarden Euro saldieren. Verlierer sind die Rentner und werden letztendlich auch die Riester-Sparer sein. Weil über 80 Prozent der Sparsummen in öffentliche Anleihen fließen, hängt das Schicksal der Riester-Produkte schon heute am seidenen Euro-Faden. Für die damit verbundenen Risiken steht nämlich das Schicksal des Rücklagenfonds für brandenburgische Beamtenpensionen Modell, den die Zypernkrise mit ihrem »Haircut« für hohe Anlagevermögen ereilt haben soll. Da Staatsanleihen im Übrigen faktisch zu großen Teilen in den allgemeinen Staatsverbrauch fließen und letztendlich aus Steuermitteln zurückzuzahlen und zu verzinsen sind, handelt es sich bei den Riester-/Rürup-Produkten um fast lupenrein umlagefinanzierte Sicherungsformen – es ist also nicht das drin, was sich Otto Normalverbraucher vorstellt. Die restlichen 20 Prozent der Riester-Anlagen verteilen sich im Wesentlichen auf Anlagen in Immobilien und Aktien und sind von deren Wertveränderungen abhängig, wobei sich als Ergebnis der Finanzkrise 2008 herausstellte, dass die gesetzliche Rentenversicherung das Vorsorgeprodukt war, das die Krise am besten überstand. Für Eingeweihte wenig überraschend, musste das umlagefinanzierte Arbeitnehmersystem im letzten Jahrhundert die pleitegegangene Kapitaldeckung doch schon zweimal auffangen. Aller guten Dinge werden im Zuge des absehbaren Kollapses der Finanzmärkte wohl auch hier bald drei sein!

Überhaupt nicht zur Sprache kam bei Einführung der »Riesterei« die Tatsache, dass das Sparen, das unvermeidbar nur durch Konsumverzicht möglich ist, so die ohnehin schon extrem schwache Binnennachfrage weiter schwächt und damit den Hub und Schub der Wirtschaftsaggregate noch mehr aus dem Takt bringt und letztendlich zur Steigerung der Massenarbeitslosigkeit beiträgt. Weil die von den Fonds verwalteten Riesensummen überdies schon rein anlagetechnisch außer in öffentlichen Anleihen nur bei den börsennotierten »ersten Adressen« untergebracht werden können, tragen die Riester-Fonds auf der einen Seite auch zu der Hyperinflation an den Börsen und Vermögensmärkten bei, während auf der anderen Seite die kleinen mittelständischen und Handwerksbetriebe große Liquiditätsprobleme haben, weil diese Ersparnisse nicht bei den regionalen Geldinstituten landen. Die Liquiditätsschwemme hie und die Kreditdürre dort sind zwei Seiten derselben Medaille.[127] Gewinner des großen Riester-Rentenmonopolys sind letzlich somit allein die großen Finanzdienstleister, denen der Staat hier Kunden für ihre zwielichtigen Geschäfte zutreibt, die in der Öffentlichkeit inzwischen zu Recht angeprangert werden und das Vertrauen der Bürger in ihren Staat ebenfalls weiter untergraben. Den Einfluss der Finanzdienstleistungsbranche auf diese Teilprivatisierung der Alterssicherung hat die Bremer Wissenschaftlerin Diana Wehlau in ihrer Doktorarbeit *Lobbyismus und Rentenreform*[128] so minuziös wie nach der Quellenlage möglich

---

[127] Ausführlich Jürgen Borchert: »Fragen zur Finanzierung der gesetzlichen Rentenversicherung«, in Winfried Boecken, Andreas Hänlein, Jürgen Kruse und Heinz-Dietrich Steinmeyer (Hg.): *Öffentliche und private Sicherung gegen soziale Risiken,* Baden-Baden 2000, S. 130 ff. (Festschrift für Bernd von Magdele).

[128] Wiesbaden 2009 (siehe Fn. 13).

nachgezeichnet und für den Politikbetrieb bis in die ministerialen Spitzen die Verflechtungen nachgewiesen. Auch hier wurden also die Interessen des Allgemeinwohls den Partikularinteressen der Finanzbranche geopfert.

Warum nur schwieg die »vierte Gewalt«?

Warum nur schwieg die Presse, die »vierte Gewalt«, mit ihrem von der Verfassung abgesicherten Wächteramt zu diesen Übergriffen der »fünften Gewalt« und den Anrüchigkeiten rund um die Gesetzgebung und ihre ministerialen Akteure? Bei den Skandalen der Jahre 1970 bis 2002 war es ja nicht zuletzt ihre Beharrlichkeit, die zu den zahlreichen Verurteilungen führte. Bedenkt man, welchen Aufruhr einerseits jüngst die mickrigen Skandale um Pferdefleisch-Lasagne oder Bio-Eier auf den Titelseiten verursachten, anderseits aber Gesetze, auf denen »Bundestag« draufsteht, jedoch nicht zuletzt Deutsche Bank, Gesamtverband der Versicherungswirtschaft oder Bundesvereinigung der deutschen Industrie und viele andere drinstecken, mit Stillschweigen übergangen wurden, dann wirft das viele Fragen auf.

Privat vor Staat? Vor dem Hintergrund der erneut durch den *Vierten Armuts- und Reichtums-*

bericht aufgeflammten Debatte über wachsende Ungleichheit hierzulande sowie der »Offshore-Leaks«-Enthüllungen und der nicht zuletzt durch den »Fall Hoeneß« erneut befeuerten Steuerdebatte muss man sich an diese Verantwortungslosigkeiten erinnern, wenn man sich über die Zukunft des Sozialstaats Gedanken macht. Sein Markenzeichen ist die strikte Koppelung wirtschaftlicher Freiheit an soziale Verantwortung. Wird diese Verbindung gelöst, stimmt die Statik nicht mehr, und mit dem Sozialstaat ist auch die Demokratie am Ende. Sie sind Zwillinge, brauchen ein Doppelgrab.[129]

---

[129] Heribert Prantl: *Kein schöner Land. Die Zerstörung der sozialen Gerechtigkeit*, München 2005, S. 32.

»Zehn Jahre Agenda 2010« – Wieso feiert die SPD ein verfassungs- widriges Gesetz?

Warum Hartz IV infam ist

Die am 14. März 2003 durch Kanzler Schröder vorgestellte »Agenda 2010« enthielt das Herzstück »Hartz IV« und darin vor allem die Zusammenle- gung von Sozial- und Arbeitslosenhilfe sowie die Pauschalierung der Leistungen. Mit Urteil vom 9. Februar 2010 stellte das Bundesverfassungsgericht die Verfassungswidrigkeit der Regelsatzbemessung und die Verletzung der Menschenwürde fest. Ob die zum 1. April 2011 in Kraft getretene Neurege- lung verfassungskonform ist, erscheint mehr als zweifelhaft. Denn dass dem Gesetzeswerk erneut grobe Fehler in der Methodik anhaften, hat der Gesetzgeber in Paragraf 10 Regelbedarfsermitt- lungsgesetz sogar selbst zugegeben.[130] Diese Vor-

---

[130] Ungenügender Ausschluss von »verdeckt Armen«, feh- lende Empirie bei Kinderbedarfen sowie bei Mehrper- sonenhaushalten.

schrift liest sich wie eine Schutzschrift des Gesetzgebers gegenüber dem Bundesverfassungsgericht und stellt ein Novum in der Rechtsgeschichte dar. Statt nun aber zur Wahrung der Menschenwürde einen Sicherheitsabstand einzubauen, wurden von der ganz großen Koalition im Vermittlungsausschuss – Ausnahme: Die Linke – alle nur möglichen Tricks und Winkelzüge erdacht, um das Existenzminimum existenziell zu minimieren. Leidtragende sind nach einhelliger Ansicht der Fachleute vor allem die Kinder.

Was vor dieser unrühmlichen Kulisse verwundert, ist die Tatsache, dass die SPD den zehnten Jahrestag der Verkündung der Agenda 2010 zum Anlass nahm, sich öffentlich auf die Schultern zu klopfen. Denn das Gesetz war nicht nur verfassungswidrig, hat die Lohnspirale nach unten umprogrammiert, der Abwärtsmobilität der Mittelschicht einen Schub versetzt und den Niedriglohnsektor mit seinen verheerenden Spätfolgen grassierender Altersarmut gebracht, sondern ist auch mit einer staatlichen Infamie verbunden, die von verantwortungsbewusster Politik gar nicht weiter entfernt sein könnte. Das beginnt mit der Tatsache, dass die Regierung Schröder sich mit der Entfesselung der Leiharbeit und der Einrichtung des Niedriglohnsektors einseitig auf die Seite der Arbeitgeber schlug und den erklärten Interessen »der Wirtschaft« Rech nung trug.[131] Und gipfelt in der Tatsache, dass im gefeierten »Fördern und Fordern« des neuen Gesetzes die generelle Schuldzuweisung an Arbeitslose enthalten ist, ihr Schicksal beruhe auf mangelnder Initiative und individuellen Unzulänglichkeiten.

»Fördern und Fordern« macht Opfer zu Tätern

Das allerdings stellt die Verhältnisse auf den Kopf und macht die Opfer zu Tätern. In dieser Logik sieht es nämlich so aus, als ob individuelle Antriebsarmut, gepaart mit überzogenem Lohn- und Sozialanspruchsdenken, die Ursache der Arbeitslosigkeit sei. Das Gegenteil ist allerdings richtig: Noch nie in der bundesdeutschen Geschichte war Arbeitslosigkeit so sehr die Folge von Staatsversagen wie heute. Bis zur Verkündung der Hartz-Reformen war nämlich die Staatsverantwortung für den Arbeitsmarkt in der Bundesrepublik Konsens, und sie ist seit dem Jahr 1967 in Paragraf 1 des Stabilitäts- und Wachstumsgesetzes auch normativ fest verankert. Heute kann sie aber nicht

---

[131] Kritisch Christoph Butterwegge: »Ein Mann ein Tort«, in *Der Freitag*, 14. März 2013; Klaus Dörre: »Zehn Jahre Hartz: Das neue Elend«, in *Blätter für deutsche und internationale Politik*, 3/2013, S. 99 ff.

mehr effektiv wahrgenommen werden, weil ihr dafür die wichtigsten Instrumente fehlen: die Abstimmung der Währungs-, Geld- und Zinspolitik mit der Konjunkturpolitik über Konjunkturprogramme, Steuern und Staatsverbrauch. Diese ist seit den Maastricht-Verträgen nicht mehr möglich, weil die Währungs-, Geld- und Zinspolitik mit der Einführung des Euros in die fremde Hand der Europäischen Zentralbank gegeben und damit von den nationalen Interessen abgekoppelt wurde. Den Airbag, der den nationalen Arbeitsmarkt im Notfall schützte, haben die Regierungsmehrheiten mit Unterstützung großer Teile der Opposition abmontiert, und man hat es in den Maastricht-Verträgen versäumt, gleichwertige Schutzmechanismen europaweit zu installieren. Wo früher das Währungsventil den Überdruck regulierte, pfeift heute europaweit der Arbeitsmarkt auf dem letzten Loch. Hinzu kommt gleichzeitig, dass Globalisierung und Europäisierung nicht nur totale Kapitalverkehrsfreiheit gebracht, sondern auch das Humankapital mobil gemacht haben und die nationalstaatliche Abschottung des heimischen Arbeitsmarktes gegenüber unorganisierten und anspruchsloseren europäischen Arbeitsmigranten schrittweise durchlöchert wurde und ab dem 1. Januar 2014 ganz abgeschafft ist.

Statt Krieg gegen die Arbeitslosigkeit der Krieg gegen Arbeitslose

Dass die im »Fördern und Fordern« enthaltene Unterstellung im Übrigen keine Substanz hat, zeigt die auch von der Bundesagentur für Arbeit betonte Tatsache, dass der Anteil der Bezieher von Hartz-IV-Leistungen (Arbeitslosengeld II [ALG II]) in Regionen mit Vollbeschäftigung bei weniger als 0,5 Prozent liegt. Ebenso kommt auch Andreas Hirseland vom Institut für Arbeitsmarkt- und Berufsforschung (IAB), das zur Bundesagentur für Arbeit gehört, im Forschungsbericht *Armutsdynamik und Arbeitsmarkt: Entstehung, Verfestigung und Überwindung von Hilfebedürftigkeit bei Erwerbsfähigen* vom März 2010 zu Ergebnissen, die den verbreiteten Vorurteilen den Boden entziehen: »*Die im bisherigen Untersuchungszeitraum vorliegenden Fallbeobachtungen verweisen insgesamt darauf, dass sich das Leben im Hilfebezug bei einem Großteil der Befragten in Bewegung befindet, eine hohe Varianz aufweist und von Mobilität und Flexibilität geprägt ist. Die vielfältigen, auch eigeninitiativ ergriffenen Aktivitäten der Hilfebezieher widersprechen deutlich dem bisweilen in der Öffentlichkeit präsenten Bild des passivierten Transferleistungsempfängers, der es als erstrebenswert empfindet, ein Leben im Hilfebezug zu führen. Es zeigt sich vielmehr, dass das Erreichen erwerbsbiographischer Stabilität ein Hauptziel der Befragten darstellt.*«[132] Dass ausgerechnet der für die Hartz-Reformen federführende Minister für Wirtschaft und Arbeit Wolfgang Clement im August 2005 mit seinem Pamphlet *Vorrang für die Anständigen – Gegen Missbrauch, »Abzocke« und Selbstbedienung im Sozialstaat. Ein Report vom Arbeitsmarkt im Sommer 2005* der Öffentlichkeit ein Bild von verbreitetem Sozialbetrug unter ALG-II-Beziehern zu präsentieren versuchte, markiert vor diesem Hintergrund den Tiefpunkt politischer Verantwortungslosigkeit und unterstreicht, dass die von vielen Seiten geäußerte Einschätzung, die Politik bekämpfe die Arbeitslosen statt die Arbeitslosigkeit, offensichtlich nicht ganz unberechtigt war. Da das Papier zudem fachlich blamabel war, liegt der Verdacht nicht ganz fern, dass es womöglich nicht von Fachbeamten, sondern von externen Mitarbeitern ohne besondere Sozialrechtskenntnisse verfasst wurde. Die unappetitliche Begleiterscheinung, dass Minister Clement nach Ende seiner Dienstzeit auf der Gehaltsliste von Adecco auftauchte, dem weltweit führenden Unternehmen in der Leiharbeitsbranche, würde auch dazu passen.

---

[132] Zum tendenziell selben Ergebnis kommt auch Karl Brenke: »Fünf Jahre Hartz IV – Das Problem ist nicht die Arbeitsmoral«, *DIW-Wochenbericht* 2/2010, S. 2 ff.

Dass und wie das gesellschaftliche Klima durch diese Demagogie vergiftet ist, macht die Unterscheidung Thilo Sarrazins in »produktive« und »unproduktive« Menschen ebenso deutlich wie die Überlegung, den Inaktiven und Versorgungsempfängern das Wahlrecht abzuerkennen.[133] Es ist offenbar vollkommen in Vergessenheit geraten, dass das Solidaritätsprinzip den Wert des Individuums *unabhängig von seiner Sozialnützlichkeit verteidigt*« (so der ehemalige Richter am Bundesverfassungsgericht Dieter Grimm).

Auf dem Weg zurück in die Dienstbotengesellschaft?

Der Mechanismus der Einrichtung des Niedriglohnsektors und der Abwärtsspirale der Löhne war primitiv, aber wirksam. Mit Hartz I wurde die Leiharbeit mit ihren prekären Jobangeboten entfesselt, der dann mit dem rigorosen Sanktionsinstrumentarium der »Hartz-IV-Reform« die Arbeitskräfte zugetrieben wurden – egal, um welchen Preis. Seitdem schuften rund eine Million

---

[133] Konrad Adam: »Wer soll wählen?«, Kolumne »Die Macht der Schwachen«, in *Die Welt*, 16. Oktober 2006 (Adam schließt freilich Berufspolitiker und Beamte ein).

Arbeitnehmer in Leiharbeitsverhältnissen mit meist prekärer Entlohnung. Hartz IV sei offener Strafvollzug, meinte dazu kurz und treffend der charismatische Multimilliardär Götz Werner, Gründer und Aufsichtsrat der dm-Drogeriekette.

Dass mit den Sanktionen des neuen *Zweiten Buchs des Sozialgesetzbuchs – Grundsicherung für Arbeitssuchende (SGB II)* tatsächlich ein neues Element des Strafrechts ins Sozialrecht eingeführt und der neue »aktivierende Sozialstaat« die polizeistaatlichen Wurzeln des Fürsorgestaats wiederbelebe, hob zu Recht auch der Referent für Ethik und Sozialpolitik im Diakonischen Werk in Hessen und Nassau Franz Segbers hervor: »*Während gerichtliche Geldstrafen das Existenzminimum nicht beschneiden dürfen, können die Sanktionen der ARGEn das Existenzminimum antasten, und das radikal. Wer eine mittelschwere Körperverletzung begeht, kommt deshalb letztlich günstiger davon, als wenn er nicht Bewerbungen schreibt oder nicht pünktlich zum Laubharken antritt.*«[134] Es drohe eine Wiedergeburt der

---

[134] Franz Segbers: »Mit Hartz IV auf dem Weg in einen anderen Sozialstaat«, in Wolfgang Gern und Franz Segbers (Hg.): *Als Kunde bezeichnet, als Bettler behandelt*, Hamburg 2009, S. 16; ders.: »Bürgerrechte, soziale Rechte und Autonomie. Weiterentwicklung des Sozialstaates durch ein Grundeinkommen«, in Wolfgang Nethöfel, Peter Dabrock und Siegfried Keil (Hg.): *Verantwortungsethik als Theologie des Wirklichen*, Göttingen 2009, S. 181 ff.

längst überwunden geglaubten Dienstbotengesellschaft.

Wie tiefgreifend das gesamte Lohngefüge der Bundesrepublik verändert wurde, beweist sich daran, dass heute selbst trotz guter Konjunktur sowie trotz Arbeit oder Bezug des regulären Arbeitslosengelds immer noch etwa sieben Millionen Menschen auf staatliche Unterstützung angewiesen sind. Rund 1,3 Millionen Bezieher von Hartz-IV-Leistungen sind sogenannte „Aufstocker", das heißt, dass der Steuerzahler für die Differenz zwischen Lohn und Existenzminimum geradesteht. Mittlerweile werden 11 Milliarden Euro, ein Drittel des Bundesetats für Hartz-IV-leistungen, für derartige Aufstockungsleistungen ausgegeben.[135] Dass Exkanzler Schröder, selbst aus dem Arbeitermilieu stammend, sich trotz dieser Verheerungen auf dem Weltwirtschaftsforum in Davos im Januar 2006 der Einrichtung des Niedriglohnsektors in Deutschland rühmte, erinnert an das Lenin-Wort, dass man seine Klasse nicht verlassen, sondern nur verraten könne.

---

[135] Michael Hartmann: a.a.O. (Fn. 9), S. 15 (m.w.N.).

Altersarmut rettet
Rentenversicherung

Dafür, wie die Eliten über die Massenarbeitslosigkeit und die Einrichtung des Niedriglohnsektors dachten, ist auch die klammheimliche Freude bezeichnend, die der Entwicklung damals aus den Führungsetagen der Rentenversicherer entgegengebracht wurde. Sie hat ihren Niederschlag in der Diplomarbeit des Gründers der Stiftung für die Rechte künftiger Generationen Jörg Tremmel gefunden – wörtlich:

»Tremmel: ›Was halten Sie denn von dieser These? Es ist ja eigentlich pervers: durch die hohe Arbeitslosigkeit wird die Rentenversicherung langfristig entlastet. Denn durch die geringen Anwartschaften, die Erwerbspersonen während ihrer Arbeitslosigkeit entstehen, wird die Rentenversicherung im Jahre 2030 entlastet, oder jedenfalls geringer belastet, als wenn diese Jahrgänge in Lohn und Brot wären.‹

RT/Bundesversicherungsanstalt für Angestellte (BfA): ›Ja, das ist richtig.‹

Tremmel: ›Das wird aber auch nicht allzu oft öffentlich verkündet.‹

RT: ›Nein, das können wir ja nicht. Das müssen Sie uns schon nachsehen. Es wird zurzeit über eine Untertunnelung gesprochen, wenn die geburtenstarken Jahrgänge der Zeit bis zum Pillenknick in Rente gehen. Herr Storm [Andreas Storm, damals

MdB CDU, heute Sozialminister im Saarland] *hat ja dieses Modell vorgelegt, das die Untertunnelung im Kapitaldeckungsverfahren vorsieht, wenn im Jahr 2030 die Belastung für die Gesetzliche Rentenversicherung am höchsten ist. Ich könnte mir eine ganz andere Untertunnelung vorstellen, und zwar im Umlageverfahren. Ich sage das mal im Vertrauen: Wir sind dankbar für jeden, der heute scheinselbständig wird oder geringfügig beschäftigt. Da kriegen wir zwar heute weniger Beiträge, aber im Jahr 2030 haben wir weniger Anwartschaften. Es wird durch die Arbeitslosigkeit heute im Ergebnis genau das erreicht, was Herr Storm im Kapitaldeckungsverfahren erreichen will.‹ «*[136]

Im Klartext soll also Altersarmut die Institution Rentenversicherung retten, die eigentlich vor Altersarmut schützen soll. Eine Therapie, die schlimmer als die Krankheit ist: Operation gelungen – Patient tot!

---

[136] Jörg Tremmel: *Wie die gesetzliche Rentenversicherung nach dem Prinzip der Generationengerechtigkeit reformiert werden kann*, Diplomarbeit an der European Business School, Frühjahr 1997, Dokumente, Anhang, LXXV.

KAPITEL 9

Eine bessere Welt ist möglich!
Ja, aber nicht mit dem bedingungs-
losen Grundeinkommen!

Wo das Unheil droht, wächst, frei nach Höl-
derlin, das Rettende auch. Mit der Agenda
2010 kam nicht nur der Niedriglohnsektor und
die programmierte Altersarmut, sondern auch
der Siegeszug des »bedingungslosen Grundeinkommens« (BGE). Die Eurokrise mit den Exzes-
sen des Finanzkapitalismus befeuert ihn, auch
international, weiter. Inzwischen hat die Idee
Anhänger in allen Parteien, bei Gewerkschaften, Kirchen, Wohlfahrtsverbänden, einfach überall – genauso wie in Deutschland auch in Europa, beispielsweise bei der »Fünf-Sterne-Bewe-
gung« des Beppe Grillo in Italien. Die Zahl der
Verfechter, aber auch der Gegner schwillt täglich
an, und mittlerweile existiert ein nicht mehr
zu überschauender Wirrwarr an Modellen und
Kontroversen.

Dass Zeiten tiefgreifender Krisen der Nährbo-
den radikaler Utopien sind, zeigt die Tatsache,

dass die Idee eines BGE 1934 in den Vereinigten Staaten als Reaktion auf die damalige Weltwirtschaftskrise und als Gegenkampagne zu Präsident Franklin D. Roosevelts »New Deal« für Aufsehen und heftige Debatten sorgte. Sie wurde von dem Senator Huebert Pierce Long vertreten, der eine Umverteilung des Wohlstands zulasten der Bezieher hoher Einkommen forderte, durch die jeder Familie ein Grundeinkommen garantiert werden sollte. Er erhielt großen Zulauf, wurde bei der Wahl aber von Roosevelt geschlagen, der seinerseits im New Deal mit dem Glass Steagall Act in revolutionärer Weise die Großfinanz und Superreichen zur Kasse bat und so zu ihrer Verantwortung zwang; das wäre ohne den Druck von Longs Utopie vielleicht nicht möglich geworden. Auch hier fasste die Wirtschaft wieder Fuß, und es entstand so etwas wie ein Wirtschaftswunder, womit die Empirie des Nutzens der Gleichverteilung für die Volkswirtschaft sich neben den zwei deutschen Wirtschaftswundern noch auf den New Deal stützen kann.

Das BGE als feudalistisches Projekt

Historisch sind zwei Beispiele dafür bekannt, dass der Staat seinen Bürgern vorbehaltlos ohne Bedürftigkeitsprüfung oder Arbeitszwang ein

Existenzminimum gewährte, und beide Male war es ein Teil großer feudaler Projekte: im Sparta des 6. Jahrhunderts v. Chr. und von 1795 bis 1834 in England unter der sogenannten »Speenhamland«-Gesetzgebung. In Sparta hatte die herrschende Minderheit der Spartiaten Anspruch auf ein arbeitsloses Einkommen, für das freilich die unterdrückte Mehrheit Sklavenarbeit leisten musste. Dieses arbeitslose Einkommen war demnach Ausdruck eines parasitären Feudalismus, geprägt von extremer Ungleichheit und Unfreiheit, wozu passt, dass Sparta der große Gegenspieler der griechischen Demokratien wurde.

Mit dem Speenhamland-Projekt schließlich wollte man in England der Armut der Landbevölkerung (und ihrer Landflucht in die Städte) zu Leibe rücken. In seinem epochalen Werk *The Great Transformation* hat Karl Polanyi es eingehend beschrieben und als die soziale Innovation des »Rechts auf Lebensunterhalt« bezeichnet – allerdings mit keinem guten Ende: »*Keine Maßnahme hatte sich jemals größerer allgemeiner Beliebtheit erfreut. Eltern waren der Sorge um ihre Kinder enthoben, und Kinder waren nicht mehr von ihren Eltern abhängig; Arbeitgeber konnten die Löhne nach Gutdünken herabdrücken, und die Arbeiter, ob fleißig oder faul, waren vor Hunger gesichert; Philanthropen lobten die Maßnahmen als*

215

Akt der Barmherzigkeit, wenn auch nicht der Gerechtigkeit, und die Selbstsüchtigen trösteten sich mit dem Gedanken, dass die Sache zwar barmherzig, aber wenigstens nicht liberal war; und selbst den Gemeindesteuerzahlern wurde nur langsam klar, was mit den Abgaben in einem System geschehen würde, das ›das Recht auf Lebensunterhalt‹ unabhängig davon proklamierte, ob der Mensch seinen Lebensunterhalt verdiente oder nicht. Auf lange Sicht war das Resultat furchtbar …«[137] Denn die Arbeitsmoral verfiel, und immer mehr Zahler wechselten auf die Seite der Leistungsempfänger, sodass am Ende daraus der schonungsloseste Arbeitsmarkt nach der Sklaverei entstand.

Durch die schlechten historischen Erfahrungen lassen sich die Anhänger des BGE, den Blick fest auf die Ziele von Selbstverwirklichung bis zur Überwindung des Kapitalismus gerichtet, freilich nicht schrecken. Sie verweisen auf das Plädoyer Erich Fromms für das BGE, sehen aber nicht, dass dieser dafür die Bedingung der Überwindung des Kapitalismus in Gestalt des »Homo consumens« formuliert hat, mit anderen Worten: dass die Menschheit dafür noch nicht reif

---

[137] Karl Polanyi: *The Great Transformation. Politische und ökonomische Ursprünge von Gesellschaften und Wirtschaftssystemen*, Frankfurt 1978 (1944), S. 113 ff.

ist.[138] Auch die Tatsache, dass viele Modelle schon vom reinen Verteilungsvolumen her die Grenzen des Volkseinkommens sprengen, kann die Jünger der Idee kaum bremsen. Dem Einwand wird regelmäßig mit dem Argument begegnet, dass seriöse Finanzwissenschaftler die Finanzierbarkeit mancher Modelle nachgewiesen hätten. Das stimmt, unterschlägt aber die entscheidende Bedingung in diesen Gutachten: »cp«. Das bedeutet »ceteris paribus« und unterstellt, dass sich die bei Einführung des BGE geltenden Bedingungen, also auch das Arbeitsverhalten, nicht ändern.

Diese Grundannahme in Zweifel zu ziehen führt aber unweigerlich in die nächste Debatte, nämlich die über das Menschenbild, das solche Zweifel erlaubt. Da betritt man dann eine weite, oft quasireligiöse Arena. Dabei zeigen die Speenhamland-Erfahrungen doch in aller Deutlichkeit, dass diese Annahme naiv und töricht ist. Wenn die Sonne heute scheint, dann scheint sie cp auch noch in hundert Jahren. In Wirklichkeit tut sie das niemals. Dass es schließlich perplex ist, einerseits auf die ungeheure Produktivität des Kapitalismus zu setzen, die allen die benötigten Lebensmittel zur Verfügung stellt, den man an-

---

[138] Erich Fromm: *Psychologische Aspekte zur Frage eines garantierten Grundeinkommens für alle*, Erstveröffentlichung New York 1966.

dererseits abschaffen will – »Rauf auf den Baum, um ihn umzuhaun?« –, leuchtet vielen ebenfalls nicht ein. Auch bleibt die Frage unbeantwortet, ob die Gesellschaft wirklich auf Arbeitskraft in dem Umfang verzichten kann, wie dies manchen Modellen zugrunde liegt. Es ist ja richtig, dass sich industriell mit minimalem Einsatz von Arbeitskraft ein maximaler Überschuss an Konsumgütern und Konsumschrott herstellen lässt. Das gilt aber nicht für den Pflegebereich, Gesundheitsdienstleistungen und die Landwirtschaft. Bei Ersteren steigen die Bedarfe sogar exponentiell an; humane Pflege bedeutet das Schenken von Zeit, und das lässt sich naturgemäß nicht rationalisieren. Ähnliches gilt für den Fall, dass die Geburtenzahlen wieder steigen sollten, auch für die Betreuung, Erziehung und Ausbildung von Kindern, denn diese haben sogar einen noch höheren Bedarf an individueller Zuwendung. Für die Landwirtschaft schließlich gilt, dass sie kaum noch in der konventionellen Weise rationalisierbar scheint, die mehr Schaden als Nutzen verspricht, sondern im Gegenteil der Anteil lebendiger Arbeitskraft eher steigen müsste.

Der blinde Fleck:
Europäisches Sozialrecht

Ein auffallender Mangel, der allen Modellen gemeinsam ist, ist die Vernachlässigung, ja nachgerade Verdrängung des Europarechts und seiner Auswirkungen auf die nationalen Sozialsysteme. Es war nämlich der Gedanke einer »Social Citizenship«, der die Novellierung des koordinierenden Sozialrechts geprägt hat. Der persönliche Anwendungsbereich knüpft nicht mehr vor allem an Erwerbsarbeit an, sondern bezieht auch die »wirtschaftlich Inaktiven« ein. Zwar muss nach der Rechtsprechung des Europäischen Gerichtshofs (EuGH) die unionsrechtlich vermittelte »finanzielle Solidarität« bei der Sicherung der Existenz mangels eines Finanzausgleichs zwischen den Herkunfts- und Aufnahmeländern nicht »übermäßig« gewährt werden, aber grundsätzlich gilt, dass das soziale Teilhaberecht gerade wegen seiner dienenden Funktion für die Wahrnehmung der Freizügigkeit gewährt wird.[139] Die

---

[139] Dazu Frank Schreiber: »Steht arbeitsuchenden EU-Ausländern Arbeitslosengeld II zu?«, in *Soziale Sicherheit* 2012, S. 392 ff.; ders.: »Die Bedeutung des Gleichbehandlungsanspruchs aus Art. 12 i. V. m. Art. 18 EGV für Grundsicherungsleistungen (SGB II und SGB XII)«, in *ZESAR* 11–12/2006, S. 423 ff.; Kay Hailbronner: »Ansprüche nicht erwerbstätiger Unionsbürger auf gleichen Zugang zu sozialen Leistungen«, in *ZFSH/*

Aufnahmeländer, die als Wohlfahrtsmagneten übermäßig in Anspruch genommen werden, haben zwar grundsätzlich die Möglichkeit zu aufenthaltsbeendenden Maßnahmen gegenüber Unionsbürgern, jedoch wird die Freiheit der Mitgliedsstaaten – abgesehen vom bestehenden Vollzugsdefizit – dadurch beschränkt, dass nach der Rechtsprechung des EuGH die Aufenthaltsbeendigung bei der Inanspruchnahme von Sozialhilfe keinen Automatismus bilden darf.[140]

Die Praxis bietet, vor allem seit dem Beitritt Bulgariens und Rumäniens, inzwischen ausreichenden Anschauungsunterricht dafür, dass Deutschland nicht zuletzt wegen seiner Sozialleistungen zu einem starken Wohlfahrtsmagnet für Zuwanderung geworden ist. Die Praxis zeigt ferner, wie einfach die rechtlichen Hindernisse durch Anmeldung eines nur anzeige-, nicht genehmigungspflichtigen Gewerbes überwunden werden können, zum Beispiel als Subunternehmer im Baubereich. Allein in Berlin-Neukölln zählte man zum März 2012 1377 bulgarische und 1034 rumänische Personen, die ein Gewerbe angezeigt hatten. Wenn das daraus erzielte Einkommen nicht für den Lebensunterhalt ausreicht, haben sie ohne weiteres Anspruch auf auf-

---

SGB Sozialrecht in Deutschland und Europa, 04/2009, S. 195 ff.

[140] EuGH, Slg. 2001, I -6193 Rn. 43 (Grelczyk).

stockende Hartz-IV-Leistungen für sich und alle Familienmitglieder.[141] Ab dem Jahr 2014 wird ohnehin die volle Arbeitnehmerfreizügigkeit alle Hindernisse abbauen. Solange also die BGE-Modelle diese Realitäten und die absehbare Entwicklung bei der Durchsetzung eines BGE nicht in Rechnung stellen, sind sie schlicht wirklichkeitsfremd.

Die einen gleicher, die anderen dafür unfreier?

Auf die vielen, zum Teil höchst unterschiedlichen Modelle zum BGE, ihre Ziele oder Probleme einzugehen, ist schon wegen der unübersehbaren Flut an konkurrierenden Vorstellungen kaum möglich. Aber das ist auch nicht nötig, da das BGE an der schlechterdings entscheidenden Frage scheitert, wie sich in ihm eigentlich Gleichheit, Freiheit und Verantwortung zueinander verhalten. Hier ist das Ergebnis aber eindeutig: gar nicht! Und damit scheidet das BGE von vornherein als Lösung für unsere Sozialstaatsprobleme aus. Die Prüfung des BGE fördert als Erstes nämlich die einfache Feststellung

---

[141] Bezirksamt Neukölln von Berlin (Hg.): *2. Roma-Statusbericht. Entwicklung der Zuzüge von EU-Unionsbürgern aus Südosteuropa*, April 2012.

zutage: Das BGE ist in Wahrheit nicht bedingungslos und kann es gar nicht sein! Ganz einfach deshalb, weil es mit der Bedingung steht und fällt, dass ein Teil der Bürger für den Lebensunterhalt anderer Bürger zahlt. Dabei ist der Freiheit der einen zum Erwerbsverzicht denknotwendigerweise die Unfreiheit der anderen komplementär, die zahlen und abgeben müssen. Die einen sind gleicher, die anderen dafür unfreier. Diesen Grundkonflikt verbergen manche Befürworter des BGE wie Nebelkrähen ihre Ostereier, indem sie »die staatliche Gemeinschaft« für das BGE verantwortlich machen, die erst einmal allen das Gleiche zahlen und später dann mit deren wachsenden Einkommen verrechnen soll, sofern sie welche erzielen. Das genau ist aber die Bedingung. Der Staat spielt im Märchen vom BGE damit die transzendentale Wunderkuh, die im Himmel gefüttert und auf Erden gemolken wird. In Wahrheit sind wir jedoch alle dieser Staat, und jeder von uns hat prinzipiell die gleichen Rechte und Pflichten, muss deshalb prinzipiell auch immer gleichzeitig Verantwortung für sich und andere tragen (es sei denn, er ist dazu nicht in der Lage). Der Staat hat hier für die Anhänger des BGE also eine vergleichbare Funktion wie bei der großen neofeudalen Transformation unserer Tage, welche die Akteure der entfesselten Finanzmärkte vorantreiben: Andere sollen haften, nur die Begünstigten nicht. Dass das mit der grundgesetzlichen Ordnung von Freiheit und Gleichheit nicht auf einen Nenner zu bekommen ist, liegt auf der Hand. Die Nagelprobe des Kant'schen Imperativs, der über die »Allgemeine Erklärung der Menschrechte« zum konstitutiven Bestandteil der Verfassungsstaaten der Neuzeit wurde (siehe Kapitel 5, S. 161 f.), besteht das BGE deshalb nicht. Es versucht, Rechte von Pflichten zu trennen. Das kann nicht funktionieren und verlässt den vom Gleichheitsprinzip gesteckten Rahmen.

Das Grundgesetz kommt hier noch ein weiteres Mal ins Spiel, und zwar über das Sozialstaatsprinzip. Das Bundesverfassungsgericht leitet aus ihm nämlich eine staatliche Verpflichtung ab, die annähernd gleichmäßige Verteilung der Lasten grundsätzlich zu erstreben; öffentliche Mittel sollten nur dahin gelenkt werden, wo im Einzelfall ein Bedarf festgestellt wird; dabei solle nach dem Grad der sozialen Schutzbedürftigkeit differenziert werden. Wer sich selbst helfen kann, muss dies in unserer Werteordnung also tun und darf nicht andere dafür verantwortlich machen. Zahlungen des Staates an Bürger, die zur Selbsthilfe in der Lage sind, sind damit denknotwendig ausgeschlossen.

Wo bleibt die Verantwortung
füreinander?

Fazit: Wer das BGE für die Antwort auf die Zukunftsfragen hält, gibt das Prinzip der Verantwortung als Grundgesetz menschlichen Zusammenlebens auf. Oswald von Nell-Breuning, der große alte Mann der Sozialpolitik, hat das 1986 mit Blick auf die damals von den Grünen und Grauen Panthern propagierte Grundrente, die nach ähnlichem Muster ebenfalls bedingungslos an jeden Alten gezahlt werden sollte, wie folgt formuliert: »Es gibt sicher eine Fülle von Argumenten, die für die Grundrente sprechen. Trotzdem bin ich der Meinung, dass wir sie ablehnen müssen. Es ist richtig, dass jedes Individuum sein Recht auf Leben hat, infolgedessen auch einen Rechtsanspruch auf das, was zum Leben unerlässlich notwendig ist, und dass dieser Anspruch, wenn er von den Nächststehenden nicht befriedigt wird oder vielleicht gar nicht befriedigt werden kann, sich gegen die Allgemeinheit richtet. Das spricht natürlich dafür, rein dogmatisch zu sagen, also setzen wir einfach fest, die Allgemeinheit liefert jedem, ob er es braucht oder nicht braucht, die nötigen Daseinsmittel. Damit kommen wir zu einem extremen Individualismus. Zu einer extremen Abstraktion, die das Leben unerträglich macht. Man hat für alles Ansprüche, und der Träger der Verantwortung ist immer die

Allgemeinheit. Und die Allgemeinheit ist eben kein
Subjekt, das Verantwortung zu tragen vermag. Ver-
antwortung greift nur, wenn der Einzelne sieht,
hier kommt es auf mich persönlich an.«[142]

---

[142] Von Nell-Breuning/Borchert: »Die Alterssicherung hängt
in der Luft«, a. a. O. (Fn. 62)

KAPITEL 10

Kurs Morgenröte: Der Fixstern »Verantwortung« und das Modell der BürgerFAIRsicherung

Damit stellt sich abschließend die Frage, wie denn der Sozialstaat zu rekonstruieren ist, um die Stabilität zu erreichen, die in diesem Jahrhundert überlebenswichtig wird. Was sollte der Gesetzgeber machen? In seinem Buch *Gesetzgebungslehre*[143] hat der Schweizer Rechtswissenschaftler und Literat Peter Noll die Methode der Gesetzgebung mit der Chirurgie verglichen. Hier wie dort komme es auf äußerste Genauigkeit bei der Befunderhebung, Sorgfalt bei der Anamnese und Präzision bei Diagnose sowie Stimmigkeit der Therapie an. Das leuchtet ein.

Der Befund ist klar: Ein Sozialstaat, der selbst die Probleme produziert, die er eigentlich lösen soll, ist todkrank. Genau das passiert. Ausgerechnet hinter der ehrwürdigen Fassade unserer »Solidarsysteme« findet eine Umverteilung von un-

---

[143] Peter Noll: *Gesetzgebungslehre*, Reinbek 1973.

ten nach oben, von Jung zu Alt und von Familien zu Kinderlosen statt, die auf breiter Front Armut und Unterversorgung hervorruft und insbesondere für die doppelte Kinderarmut ursächlich ist. Statt sich nun dieser verheerenden Tatsache zu stellen und sich um eine sorgfältige Befunderhebung, Anamnese und Diagnose zu kümmern, betreibt die Politik, Legislaturperiode um Legislaturperiode, nur noch Problemverleugnung. Wie in allen Wahljahren wird auch 2013 wieder das Dornröschen »Familienpolitik« wachgeküsst und werden alle möglichen Kinkerlitzchen debattiert und versprochen – vom Betreuungsgeld bis zum Familiensplitting für Homo-Ehen –, aber weder die Frage, ob ein lohnbasierter Sozialstaat unter den Bedingungen des 21. Jahrhunderts überhaupt noch funktionieren kann, noch die schlechterdings entscheidende Frage nach den Verheerungen, welche die Systeme des staatlichen Nehmens (»Revenue«) mit ihrer eingebauten Umverteilung von unten nach oben anrichten, werden thematisiert. Nicht einmal ansatzweise. Weil das ihr Versagen in der Vergangenheit offenlegen würde? Auch die Presse schweigt dazu und verrät so ihren verfassungsrechtlich verankerten Auftrag. Die demokratische Entscheidungsfindung bei existenziellen Fragen für Staat und Gesellschaft ist ohne öffentliche Debatte nicht möglich.

»Aber die SPD, die Grünen und die Linke wollen doch die Bürgerversicherung, und auch die Einführung des Mindestlohns ist zentrales Wahlkampfthema, das sind schließlich keine Kinkerlitzchen!«, wird jetzt eingewandt. Das ist richtig, geht aber in den Debatten um die vielen Quisquilien unter. Außerdem soll die Bürgerversicherung nur für die Krankenversicherung eingeführt und dabei sollen der »Arbeitgeberbeitrag« und die Beitragsbemessungsgrenzen auch nicht abgeschafft werden (anders zu Teilen das Konzept der Linken). Das greift viel zu kurz, und so lässt sich weder Transparenz noch eine gerechte, am Gleichheitssatz orientierte Finanzierung nach Leistungsfähigkeit erreichen. Der Mindestlohn schließlich ist auch nur ein Notbehelf, das Pflaster auf der Wunde sozusagen, und lässt die Ursachen der Verletzungen völlig unberührt. Der Mindestlohn ist ja nur das Symptom dafür, dass die Gewerkschaften mit ihren früher hohen Organisationsgraden und einem Quasimonopol für Arbeitskraft ihre Macht eingebüßt haben. Arbeitgeber und Gewerkschaften verhandeln seit den Hartz-Reformen nicht mehr auf Augenhöhe miteinander. Spätestens zum Jahresanfang 2014 führt die europarechtliche Verflechtung nun sogar dazu, dass jegliche nationalstaatliche Abschottung des heimischen Arbeitsmarktes gegenüber unorganisierten und anspruchsloseren Einwanderern aus der Europäischen Union endet. Die Veränderungen, denen wir uns zu stellen haben, wurzeln also viel tiefer, und sie erfordern völlig andere Antworten. Wer will, dass die Welt so bleibt, wie sie ist, meinte Erich Fried, der will nicht, dass sie bleibt.

Der alte Sozialstaat hat ausgedient

Wie wir die Dinge auch drehen und wenden: Am Anfang muss die Einsicht stehen, dass der Sozialstaat alter Konstruktion am Ende ist![144] Die alten Fundamente des Nationalstaats und der Nationalökonomie als der territorialen Einheit von Volk, Staat und Wirtschaft sind durch die Globalisierung und Europäisierung unterspült und großenteils weggebrochen. Die »Deutschland AG« mit ihrer kunstvollen Verflechtung der Interessen von Banken, Großkonzernen, Mittelstand und Gewerkschaften, mit Flächentarifverträgen und abgeschotteten, vergleichbaren, verlässlichen Kal-

---

[144] Nachfolgende Feststellungen und Überlegungen verdanke ich vor allem Rolf Peter Sieferle: *Epochenwechsel*, Berlin/Frankfurt am Main 1994; Wilhelm Hankel: »Familien- und Sozialpolitik in Zeiten der Globalisierung?«, in Hessische Staatskanzlei (Hg.): *Die Familienpolitik muss neue Wege gehen!*, Wiesbaden 2003, S. 447 ff.; sowie Harald Schumann und Christiane Grefe: *Der Globale Countdown*, Köln 2008.

kulationsbedingungen für die jeweiligen Branchen funktioniert nicht mehr.

Die Revolution der modernen Verkehrs- und Kommunikationsmittel macht alle Binnenmarkt- zu Weltmarktproduktion. Hauptakteure sind nicht mehr die einzelnen Volkswirtschaften, sondern die circa 44 000 multinationalen Konzerne; sie fühlen sich keiner Gesellschaft mehr verpflichtet, der Begriff des »Vaterlands« ist für sie ein Fremdwort. Zudem lassen neue technologische Entwicklungen, insbesondere das Internet, Raumgrenzen für Dienstleistungen verschwinden; indische Softwareentwickler und Callcenter beispielsweise arbeiten online weltweit. Schon von der früheren Hoechst AG war bekannt, dass sie vom Frankfurter Standort per Informationstechnologie in Echtzeit ganze Produktionen in Übersee so beherrschte, dass *bei Störfällen niemand mehr hinfliegen musste«.* Gleichzeitig verändern sich jahrhundertealte Arbeitsstrukturen, machen homebankende Senioren zum Beispiel die Angestellten arbeitslos, die ihnen ihre Renten zahlen sollen.

Diese Entbetrieblichung führt zur weiteren Schwächung der Gewerkschaften, die wie die güterproduzierende Realwirtschaft zudem unter dem epochalen Primat der Finanzwirtschaft leiden. Finanzdienstleistungen sind die transportabelsten und kommunikationsabhangigsten aller

Güter und Dienste. Ohne faire und verbindliche internationale Spielregeln hinsichtlich der realen und monetären Kreisläufe sind die Durchsetzung nationaler Beschäftigungsziele und der Ausbau solidarischer Sicherungssysteme deshalb nicht mehr möglich. Hier hapert es aber an allen Ecken und Enden. Dass die Politik erst jetzt, nachdem Steuer- und »Offshore-Leaks«-CDs das staatsverachtende Treiben der internationalen Steuerhinterzieher öffentlich machten, in Bewegung kommt, ist ein Armutszeugnis sondergleichen.

Die grenzenlose Finanzwelt transportiert jedoch nicht nur Wohlstand, sondern auch schwere Krisen. Oft nur auf der Jagd nach Kursdifferenzen von Zehntelprozenten, wird ein Vielfaches des Weltbruttosozialproduktes täglich elektronisch um den Globus gejagt und erschüttert ganze Volkswirtschaften. Die Finanzmärkte sind zum Tollhaus geworden, »*Aktienkurse, Wechselkurse, Zinsen, Grundstückspreise taumeln unprognostizierbar hin und her, und diese vom Kapitalmarkt selbst geschaffenen Risiken beeinflussen dann die Finanzströme und lenken sie von produktiven Investitionen ab*«,[145] behindern die Realwirtschaft und damit auch eine vernünftige internationale

---

[145] Wolfram Engels: *Der Kapitalismus und seine Krisen. Über Papiergeld und das Elend der Finanzmärkte*, Düsseldorf 1996, S. 3 f.

Arbeitsteilung. Gleichzeitig werden Manager insbesondere durch den »Shareholder-Value-Terror« (Viviane Forrestier) der großen Kapitalfonds gezwungen, ihre Effizienz an der Zahl der abgebauten Arbeitsplätze zu messen, eine Art »Body Count« im modernen Klassenkampf zwischen Arbeit und Kapital. Wie nicht zuletzt die aktuelle Eurokrise belegt, führt totale Kapitalverkehrsfreiheit schließlich zur maximalen Verschuldung: Die Schulden bleiben, das Kapital zieht weiter.

Globalisierung und Europäisierung bewirken so die Entnationalisierung unserer Märkte, Standorte, Einkommensentstehung und -verwendung und führen unmittelbar zum Aufeinanderprallen von globaler Geldwirtschaft und nationaler Sozialpolitik. Die neuen Strukturen der Ökonomie stehen in diametralem Gegensatz zu dem Sozialstaat alter Prägung. Sozialansprüche knüpfen am Wohnsitzprinzip und an die abhängige Beschäftigung im Inland an, setzen die Zugehörigkeit zu einer nationalen Solidar-, Haftungs- und Zahlergemeinschaft voraus. Auch die europäische Integration schafft neue Unsicherheiten, die vor allem aus der höheren Mobilität des Kapitals gegenüber der Arbeit folgen; während Arbeitsplätze (und mit ihnen die Höchstqualifizierten) das Land verlassen können, bleiben Arbeitslose, Alte und Kranke da. *»Die Europäische Währungsunion und der Euro,* *die in der Öffentlichkeit als großer Fortschritt sowohl auf dem Weg nach Europa sowie in eine dem globalen Zeitalter gemäße Geldverfassung ›verkauft‹ werden, stellen in der sozialen Realität des Alltags das Gegenteil von sozialem Fortschritt dar. Dem Staat verweigern die neuen Institutionen (Europäische Zentralbank und Euro) die Instrumente einer vor Arbeitsplatzverlusten schützenden Beschäftigungspolitik und bieten ›zum Ausgleich‹ Lohnreduktion und Angleichung sozial ›zu teurer‹ Besitzstände an die jeweiligen Minimalstandards in Europa an. Denn nur so könnten in den teuren europäischen Wohlstandsländern die nationalen Standorte und Arbeitsplätze erhalten werden. Die Währungsunion erzwingt damit für alle Mitgliedstaaten, die gegenwärtigen wie die künftigen, den Rückzug in vor-sozialstaatliche Zeiten und Zustände.«*[146] Zudem bedrohen die europarechtlich garantierte Wettbewerbs- und Dienstleistungsfreiheit Kernbestandteile der sozialen Sicherung (namentlich den Gesundheits- und Pflegebereich). Der alte lohnbasierte Sozialstaat ist »*national bis auf die Knochen*« (Wilhelm Hankel), er lässt sich nicht globalisieren und steht

---

[146] Wilhelm Hankel: »Die ökonomischen Konsequenzen des Euro«, in Wilhelm Hankel, Karl Albrecht Schachtschneider und Joachim Starbatty (Hg.): *Der Ökonom als Politiker. Festschrift für Wilhelm Nölling*, Stuttgart 2003, S. 385 ff. (392).

quer zu den unaufhaltsamen Trends und den politischen Erfordernissen der neuen Epoche. Seine Zeit ist abgelaufen. Gleichzeitig haben wir die Schwelle einer Epoche überschritten, in welcher der Sozialstaat unverzichtbarer denn je ist. Denn Unsicherheit macht radikal, und friedvolle, ausgeglichene Gesellschaften sind die Voraussetzung für geordnete und zivilisierte Staaten, die wiederum die Grundlage für den Weltfrieden sind.[147] Man muss den Sozialstaat deshalb zwar nicht neu erfinden, aber neu konstruieren.

Grundzüge der Reform: Die BürgerFAIRsicherung[148]

Abkoppelung der Finanzierung von den Löhnen, Transparenz, Bemessung der Abgabenlast

---

[147] So der frühere Bundesverfassungsrichter Siegfried Broß im Interview mit der *Stuttgarter Zeitung* vom 6. Oktober 2003, S. 12: »*Wer stark ist, muss nicht ständig seine Ellenbogen einsetzen.*«

[148] Dazu ausführlich Borchert in Hessische Staatskanzlei, a. a. O., S. 92 f., 100 ff.; Jürgen Borchert und Dieter Eißel: *Bürgerversicherung jetzt. Gegen den marktradikalen Kahlschlag in der Sozialpolitik*, DGB-Bildungswerk Hessen e. V., März 2004 (siehe Link bei Wikipedia.org, Bürgerversicherung; hervorragend – besser als das Original! – die Modellierung der »Bürgerversicherung – fair teilen statt sozial spalten« von Barbara Hähnchen und dem Ökumenischen Netzwerk in Deutschland (ÖNiD); www.oekonomie-und-kirche.de/diskussion/Buergerver-

nach Leistungsfähigkeit, Umverteilung von oben nach unten sowie Familiengerechtigkeit sind somit die Hauptkriterien, an denen sich die notwendige Sozialreform auszurichten hat. Das Konzept der BürgerFAIRsicherung, das sich hieraus ergibt, ist denkbar einfach.

Die Lebensrisiken, die jeden Bürger treffen können, sind in einem einheitlichen System abzusichern: Alter, Krankheit und Pflege. Denn nur in einem einheitlichen System kann es Transparenz geben, die ja zugleich die Grundvoraussetzung für Solidarität und Subsidiarität ist, also die wechselseitige Verantwortung füreinander. Verantwortung kann nur dort greifen, wo sie wahrnehmbar ist: Das Teilen kommt nach dem Urteilen. Damit unvereinbar ist ein Sozialstaat, der Verantwortung in unterschiedlichen Systemen je unterschiedlich regelt und jeden gemeinsamen Maßstab verliert. Dass diejenigen, die die Sozialgesetze machen, sie anwenden und darüber Recht sprechen – die Abgeordneten, Beamten und Richter –, selbst alle nicht von dem betroffen sind, was das Sozialrecht den 90 Prozent der Menschen in Deutschland heute antut und zumutet, die als abhängig Beschäftigte mit ihren Familien der Sozialversicherung unterworfen sind, macht eine gerechte Sozialordnung un-

sicherungLang.pdf; ferner http://attacberlin.de/agenda2010/pdfs/SBV_attac_01_06.pdf.

möglich.[149] Der Sozialstaat kann nur dann funktionieren, wenn für alle in ihm dieselben Regeln gelten. Auch die selbständigen Berufe können deshalb nicht ausgeklammert bleiben. Aus diesem Grund ist ein Universalsystem für alle Bürger unausweichlich. So ein System findet man übrigens in der Alters- und Hinterlassenenversicherung der Schweiz (AHV), die hierfür Modell stehen kann. Das Transparenzgebot bedeutet auch den Verzicht auf jegliche Mischfinanzierung und damit das Ende des »*Gaukelspiels staatlicher Omnipotenz*« (Wilfrid Schreiber), wie dies derzeit in Gestalt der verschiedenen Bundeszuschüsse zur Sozialversicherung passiert. Angesichts der Realitäten in der Steuerlastverteilung werden dabei nämlich vor allem die Arbeitnehmer belastet, die man zu entlasten vorgibt. »Versicherungsfremde Leistungen« sind wegen der Einbeziehung der gesamten Wohnbevölkerung in das universelle System ohnehin nicht mehr auszugleichen. Ebenfalls unvereinbar mit dem Transparenzgebot ist auch das Possenspiel, den Lohnempfängern zunächst einen Teil ihres Bruttoentgelts vorzuenthalten, um ihn sodann als »Arbeitgeberbeitrag« in die Sozialversicherung einzuzahlen und den Arbeitnehmern so das ge-

---

[149] Zur Verfassungskonformität der Universalsicherung grundlegend die Habilitationsschrift von Anne Lenzer, *Staatsbürgerversicherung und Verfassung*, Tübingen 2005.

samte Ausmaß ihrer Belastung systematisch zu verheimlichen.

Die Bemessung der Abgabenlast nach Leistungsfähigkeit wiederum setzt voraus, dass sämtliche personengebundenen Einkommen nach einheitlichen Kriterien zur sozialen Verantwortung herangezogen werden; auch deshalb muss der »Arbeitgeberbeitrag« abgeschafft werden. Vor allem dann, wenn es zu der grundlegenden Reform des Einkommensteuerrechts kommt, über deren dringende Notwendigkeit in der Berliner Politik seit langem Konsens besteht, wäre dies am einfachsten durch eine Reform des Beitragssystems nach dem Modell des gegenwärtigen »Solidaritätszuschlags« (»Soli«) bei der Einkommensteuer zu bewerkstelligen. Durch die Ankoppelung der Beitragsbemessung nach dem Solimodell an die Steuerschuld werden in einem Schritt mehrere Ziele erreicht, nämlich die Einbeziehung aller Einkunftsarten ohne Bemessungsgrenzen bis in die Einkommensspitzen sowie die Schonung der Existenzminima. Letzteres ist insbesondere mit Blick auf die notwendige und verfassungsgerichtlich geforderte Familiengerechtigkeit des Systems das unverzichtbare Minimum.

Wirkungen der BürgerFAIRsicherung

Die Verteilung der Lasten der sozialen Verantwortung entsprechend dem Grundsatz der Bemessung nach Leistungsfähigkeit unter Einbeziehung aller Einkunftsarten macht es möglich, die Beitragssätze zur Sozialversicherung drastisch zu senken; die Annahme einer Halbierung für die Arbeitnehmer erscheint dabei realistisch.[150] Weil die regressive Wirkung der bisherigen Beitragsbelastung in Folge der Existenzminima sowie der progressiven Struktur des neuen Beitragssystems entfällt, ist die relative Entlastung umso höher, je niedriger das Einkommen und je höher die Kinderzahlen sind. Das verstärkt die konjunkturfördernde Wirkung im Sinne einer Erhöhung der marginalen Konsumquote, deren segensreiche Konsequenzen uns Trygve Haavelmo beigebracht hat. Nur so lässt sich die optimale Kongruenz von Einkommen und Bedarf erzie-

---

[150] Wilhelm Hankel: »Familien- und Sozialpolitik in Zeiten der Globalisierung?«, in Hess. Staatskanzlei (Hg.), a. a. O., S. 447 f. Auch das DIW kommt in seinen Berechnungen des Rentenmodells der IG BAU trotz enger Voraussetzungen noch zu einer Beitragssenkung zur GRV von gut sechs Beitragspunkten; Meinhardt/Kirner/Grabka/Lohmann/Schulz: *Finanzielle Konsequenzen eines universellen Systems der gesetzlichen Alterssicherung*, Edition der Böckler-Stiftung 66, Düsseldorf 2002, S. 120 ff.

len, die für einen starken Konjunkturimpuls und dauerhaften Schub notwendig ist.

Denn vor allem die Steigerung der Sozialabgaben von rund 24 Prozent (1960) auf heute über 40 Prozent der durchschnittlichen individuellen Bruttolöhne ist für den wachsenden Abgabenteil verantwortlich, der die Nettolöhne sozialvericherter Arbeitnehmer von damals 72 Prozent auf heute in die Nähe der Hälfte der Bruttolöhne absenkt.

Die Folgen dieses Kaufkraftschubs für den Arbeitsmarkt lassen sich zwar nicht präzise vorhersagen, jedoch erscheinen Arbeitsplatzgewinne von mindestens 100.000 Arbeitsplätzen je Prozentpunkt Beitragssenkung realistisch.[151] Bei einer Halbierung der Sozialversicherungsbeiträge für die drei Systeme GRV, GKV und PfeV von rund 36 auf nur noch 18 Prozent käme man somit zu Arbeitsplatzgewinnen in der Größenordnung von mindestens 1,8 Millionen Arbeitsplätzen. Diese Zahlen dürften die Bandbreite der Reformwirkungen abstecken. Auf jeden Fall ergeben sich entscheidende weitere Entlastungen im Bereich der Arbeitslosenversicherung. Der starke Einkommens- und Nachfrageimpuls beim untersten Drittel wird nach den Erfahrungen

---

[151] Ulrich Walwei und Gerd Zika: »Arbeitsmarktwirkungen einer Senkung der Sozialabgaben«, in *Sozialer Fortschritt*, 4/2005, S. 77 ff.

mit den beiden deutschen Wirtschaftswundern und den Einsichten Haavelmos und Keynes' eine sich selbst verstärkende Aufwärtsspirale für Konjunktur, Arbeitsmarkt und die öffentlichen Kassen in Gang setzen, zumal sich obendrein noch der Anreiz für Schwarzarbeit entsprechend der Verringerung der Beitragslasten und damit der Brutto-Netto-Kluft bei den Löhnen vermindert.

Da unter der Herrschaft des neuen Regimes Familien in die Lage versetzt werden, ihre Kinder aus dem selbst erwirtschafteten Einkommen zu unterhalten, statt zu Almosenempfängern gemacht zu werden, kommen des Weiteren erhebliche Einsparungen beim Arbeitslosengeld II bzw. der Sozialhilfe zustande. Weil die Bruttolöhne unangetastet bleiben und sich nur die Nettolöhne je nach Kinderzahl verändern, sind zudem Wettbewerbsverzerrungen zwischen Eltern und Kinderlosen auf dem Arbeitsmarkt ausgeschlossen.

Darüber hinaus macht die konsequente Verwirklichung des Leistungsfähigkeitsprinzips eine Fülle unsinniger Quer- und Selbstsubventionen überflüssig, die aus dem schreiend ungerechten Irrsinn des geltenden Abgabensystems resultieren. Statt sie von vornherein verfassungskonform bei der Beitrags- und Steuererhebung zu behandeln, entziehen die Transfersysteme den Familien und Beziehern niedriger Einkommen durch Auferlegung übermäßiger Lasten zunächst die notwendigen Unterhaltsmittel, um sie sodann auf dem Umweg über verschiedene Behördenschreibtische und mit vielen Fallstricken versehen auf verschlungenen Wegen und am Ende in Gönnerpose zurückzutransferieren. Diesem Unsinn ist das aufgeblähte Sozialbudget zu verdanken, dessen Volumen im umgekehrten Verhältnis zu seiner Verteilungseffizienz und -gerechtigkeit steht. Demgegenüber würde das Umverteilungsvolumen durch Transfers im System der BürgerFAIRsicherung drastisch vermindert und der sklerotische Sozialstaat entschlackt, weil sich der Adressatenkreis der Transferempfänger erheblich verkleinert.

Soziale Großfamilie

Diese Verteilungsordnung würde weitgehend dem entsprechen, was die Gründerväter des bundesdeutschen Sozialstaats Mackenroth und Schreiber schon 1952 und 1955 für notwendig hielten: dass wir Deutschland wie eine soziale Großfamilie organisieren. Jeder weiß, wie es dem anderen geht und dass man aufeinander angewiesen ist, dass jeder für jeden Verantwortung hat, dass es auf den Nachwuchs ankommt. Und dass Gemeinsamkeit stark macht – mag es draußen auch noch so ungemütlich zugehen.

Für die Politik bedeutet das, die einfache Hausfrauenregel zu beachten, dass die Treppe von oben geputzt werden muss. In der Hierarchie der notwendigen Schritte steht die Sozialversicherung an der Spitze. Sie schafft die Probleme, vor denen sie eigentlich schützen soll, und mit ihr muss deshalb jede Reform beginnen. Alles andere wäre ein Streit über Tapetenfarben, während die Fundamente wegbrechen. Deshalb ist die gegenwärtige Sozialstaatsdebatte auch so albern. Diese Reihenfolge ergibt sich bereits aus den in diesem Buch mehrfach genannten Entscheidungen des Bundesverfassungsgerichtes aus den Jahren 1992 (Trümmerfrauen) und 2001 (Beitragskinder). Von der Politik wird deshalb nur verlangt, das zu tun, was sie ohnehin zu tun verpflichtet ist: nämlich verfassungskonforme Zustände herzustellen und die ihr längst erteilten Verfassungsaufträge umzusetzen. Die von der Bertelsmann-Stiftung zur Gesetzlichen Kranken- und Rentenversicherung eingeholten Sachverständigengutachten liefern den klaren Beweis dafür, dass die vom Bundesverfassungsgericht im »Beitragskinderurteil« vom 3. April 2001 für die Gesetzliche Pflegeversicherung getroffenen Feststellungen ohne Wenn und Aber auch für die

Gesetzliche Kranken- und Rentenversicherung zutreffen.[152] Dann ergibt sich eine Lösung wie die hier vorgeschlagene schon aus der Sachlogik der Verteilungsziele heraus. Es handelt sich zuerst um Verteilungs-, nicht um Finanzierungsfragen. Die Politik muss Farbe bekennen, was ihr wichtig, wichtiger, am wichtigsten ist. Die Ziele sind für die Frage der Verteilungsinstrumente im Übrigen präjudiziell: Ein stärkerer Motor ist fatal, wenn der Kurs falsch ist. Die Navigation ist entscheidend. So wie Wasser nicht mit einem Sieb zu schöpfen ist, so wenig lässt sich eine Umverteilung von oben nach unten mit Sozialbeiträgen nach altem Muster oder mit Verbrauchssteuern bewerkstelligen. Erst recht nicht durch Kreditaufnahme.

Politik ist zwar die Kunst des Möglichen, Gerechtigkeit ist aber nicht die Kunst des Unmöglichen. Man muss nur dem Fixstern des Grundgesetzes folgen, das Gleichheit und Freiheit durch Verantwortung verbindet, dann dämmert schon die Morgenröte.

---

[152] Drei Klageverfahren zur Durchsetzung des Verfassungsauftrags aus dem »Beitragskinderurteil« befinden sich bereits in der Revisionsinstanz beim Bundessozialgericht, so dass das Bundesverfassungsgericht seinen Verfassungsauftrag von 2001 nunmehr für die Kranken- und Rentenversicherung präzisieren kann.

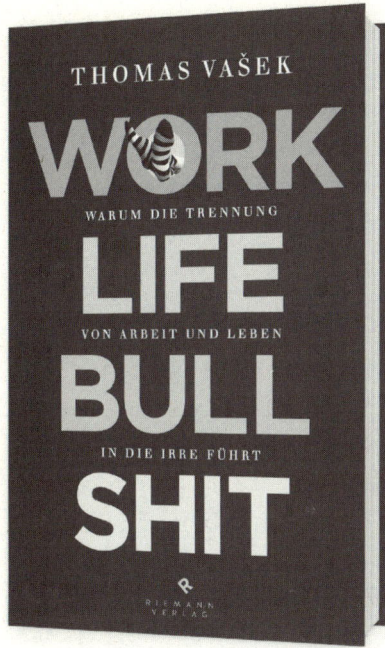